Andrea Erkert

Prinzessin & Piraten

Jede Menge Spielaktionen, Lieder und kunterbunte Verkleidungsideen für viele Gelegenheiten

Illustrationen: Kasia Sander

Ökotopia Verlag, Münster

Impressum

Autorin Andrea Erkert
Illustratorin Kasia Sander
Satz Hain-Team, Bad Zwischenahn
ISBN 978-3-86702-147-0

1. Auflage
© 2011 Ökotopia Verlag, Münster

Alle Lieder zu den Liedtexten in diesem Buch sind auf der gleichnamigen CD von Michi Vogdt zu hören (➜ S. 124):

Prinzessin & Piraten
Kunterbunte Lieder für Partys, Kostümfeste und einfach zum Spaß haben
ISBN 978-3-86702-148-7

 Die **Noten** zu allen Liedern gibt es als kostenlosen Download unter **www.oekotopia-verlag.de/ prinzessin-und-piraten.html**

Inhalt

Kostümfeste planen & feiern

Kostümfeste sind schon etwas ganz Besonderes: Die Kinder feiern nicht nur miteinander, sondern dürfen sich auch verkleiden. Auf diese Weise können sie sich gegenseitig in verschiedenen Rollen erleben und immer wieder neu entdecken. Wie viel Spaß und Freude die Kinder an einem Kostümfest haben, können wir z. B. in der närrischen Zeit beobachten – die klassische Gelegenheit für lustige Verkleidungsaktionen. Neben der **Karnevalszeit** werden in Kitas, Grundschulen und Familien mit großer Begeisterung aber auch andere Feste wie der **Kindergeburtstag**, **Halloween** oder eine **Klassenparty** zum Verkleiden genutzt. Oder es entstehen **Mottopartys** aus thematischen Impulsen heraus, z. B. findet eine **Projektwoche** zum Thema „Mittelalter" ihren krönenden Abschluss im Ritterfest, oder im Rahmen eines Natur-Projekts wird ein Waldtierfest gefeiert. Alle Feste haben dabei eines gemeinsam: Sie fördern die Fantasie, die Kreativität und tragen dazu bei, dass insbesondere schüchterne und zurückhaltende Kinder in der Rolle, die ihnen gefällt, aufblühen und selbstbewusst auftreten. Nicht zuletzt machen sie Groß und Klein unglaublich viel Spaß!

Für den Erfolg eines Kostümfestes ist es jedoch wichtig, dass die Kinder ihre **Rollen selbst auswählen** dürfen und letztendlich das darstellen, was ihnen entspricht. Ein Mädchen, das z. B. nicht unbedingt die Schönste, sondern lieber kämpferisch und stark sein will, wird sich beim Ritterfest kaum als Burgfräulein verkleiden, sondern in voller Rüstung als mutige und starke Ritterin ihre Welt erobern wollen. Ein Junge dagegen, der gerne balanciert, tanzt und Kunststücke vorführt, möchte bei einer Zirkusvorstellung vielleicht lieber ein Seiltänzer mit einer Balancierstange als ein mutiger Dompteur im Löwenkäfig sein.

Damit sich jedes Kind traut, eine Rolle nach seinen tatsächlichen Interessen und Wünschen und nicht nach dem Geschlecht auszuwählen, braucht es manchmal die Unterstützung der Spielleitung, die den betreffenden Kindern mit Rat und Tat ermutigend zur Seite steht.

Konnten die Kinder sich für eine Rolle entscheiden, brauchen sie natürlich auch das passende Outfit. Fertige **Kostüme** aus dem Kaufhaus sind nicht nur teuer, sondern lassen auch kaum Raum für eigene Ideen. Viel mehr Spaß bereitet es den Kindern, wenn sie ihre Kostüme entweder ganz oder zumindest teilweise selbst anfertigen können. Zudem benötigen sie etwas Theaterschminke und einen großen Spiegel, vor dem sie sich verkleiden, schminken und schließlich in ihrer ganzen Pracht bewundern können.

In diesem Buch werden **sieben themenbezogene Kostümfeste** vorgestellt mit vielen Spielen, Liedern und anderen Angeboten.

Einen breiten Raum nimmt dabei die Festvorbereitung ein. Zu jedem Fest wird ein themenbezogenes **Einladungsschreiben** vorgestellt, in dem als Beispiel entweder der Kindergarten oder die Grundschule angeführt wird und das die Kinder selbst gestalten. Des Weiteren werden die passenden **Kostüme & Schminktipps** präsentiert und es wird gezeigt, wie sich gemeinsam mit den Kindern z. B. aus einfachen Kleidungsstücken, alten Bettlaken und farbenfrohen Tüchern ohne viel Aufwand tolle Kostüme herstellen lassen. Eine gute Ergänzung ist natürlich immer die in vielen Einrichtungen vorhandene Verkleidungskiste mit ausrangierten Kleidungsstücken, Tüchern und Hüten, aus denen die Kinder ganz nach Belieben auswählen und ihre Kostüme weiter ausstaffieren können.

Zu alledem gibt es zu jedem Fest **Dekorationsideen** zur Gestaltung der Innenräume, des Außenbereichs oder – passend zum Waldtierfest – zur Dekoration der Waldlichtung.

Lustige und leicht umsetzbare **Rezepte** dürfen bei einem Fest selbstverständlich nicht fehlen – seien es Popcorn und ein Artistentrunk beim Zirkusfest oder gefüllte Piratenboote zum Piratenfest.

Sind Verkleidung, Deko und Verpflegung geklärt, geht's los mit dem eigentlichen Fest. Hier sind **zahlreiche** kurzweilige **Spielaktionen** thematisch passend zusammengestellt: Tierbestimmungsspiel und Naturmaterialien-Bild für das Waldfest, Kartoffelsack-Weitwurf und Lanzenstechen für das Ritterfest oder ein Märchenratespiel und eine Reise zum Märchenschloss für das Prinzessinnen- und Prinzenfest. Ergänzt werden alle Feste von insgesamt **15 Spaß- und Spielliedern** von dem bekannten Kinderliedermacher Michi Vogdt, zu hören auf der **CD „Prinzessin & Piraten"** (→ S. 124). Alle Liedtexte sind hier im Buch mit vielfältigen Bewegungs- und Aufführungsideen ergänzt.

 Die Noten zu allen Liedern gibt es als kostenlosen Download unter **www.oekotopia-verlag.de/ prinzessin-und-piraten.html**

Unabhängig davon können alle Spiele, Lieder und anderen Angebote nach Herzenslust einzeln ausgewählt oder durch eigene Ideen bereichert werden, die sich z. B. aus laufenden Projekten entwickeln oder aufgrund einer Jahreszeit ergeben. Zudem können alle Angebote ohne viel Aufwand eins zu eins umgesetzt und sowohl mit den Kindern als auch mit deren Eltern und Geschwistern durchgeführt werden.

Bei der Auswahl der Kostümfeste wurde darauf geachtet, dass die Festideen den Bedürfnissen und Interessen von **Kindern im Kiga- und Grundschulalter** gerecht werden. Die Mitmach-ideen enthalten jedoch keine Altersangaben, da zum Mitspielen in erster Linie der Entwicklungsstand und nicht das Alter der einzelnen Kinder entscheidet.

Festvorbereitungen

Alle Festideen aus diesem Buch sind leicht umsetzbar und eignen sich somit auch für PädagogInnen und Eltern, die wenig oder gar keine Erfahrungen mit der Ausrichtung eines Kostümfestes mitbringen.

Um die Vorfreude der Kinder auf ein geplantes Fest zu steigern, empfiehlt es sich, sie soweit wie möglich an der Festvorbereitung zu beteiligen. Dabei sollte nicht zu sehr die Perfektion, sondern stets der Spaß an der Planung, Vorbereitung und Durchführung eines Festes im Vordergrund stehen.

Konnten sich alle für ein bestimmtes Kostümfest entscheiden, sollten das Team und ggf. auch die Elternvertreter die folgenden Fragen miteinander im Vorfeld klären:

Wird das Fest gruppenübergreifend durchgeführt?

Ein Fest, das mit allen Gruppen umgesetzt wird, kann insbesondere nach einem gemeinsamen Projekt sinnvoll sein und nicht zuletzt das gute Miteinander steigern.

Wo soll das Fest stattfinden? Drinnen oder draußen?

* Soll das Fest im Wald, auf der Wiese oder auf einem Waldspielplatz stattfinden, muss das Vorhaben beim Forstamt angemeldet werden.
* Erste-Hilfe-Kasten und Handy für den Notfall nicht vergessen!
* Tische und Bänke lassen sich leicht über eine Getränkefirma besorgen.
* Im Sommer sind Schattenplätze Gold wert!

An welchem Termin soll das Fest stattfinden?

* Findet das Fest unter der Woche außerhalb der Betreuungszeit statt, muss genügend Zeit für die Pause dazwischen eingeplant werden.
* Sind insbesondere berufstätige Eltern eingeladen, kann z. B. der Freitag oder das Wochenende ideal sein.
* Es können zwei Termine zur Auswahl gestellt werden. Die Mehrheit entscheidet, an welchem Tag das Fest stattfinden soll.
* Falls ein Ausweichtermin vereinbart wird wegen schlechten Wetters, sollte der Ersatztermin gleich im Einladungsschreiben erwähnt werden.

Wie lange soll das Fest dauern?

Kindergartenkinder sollten nicht länger als drei Stunden und Grundschulkinder nicht länger als vier Stunden feiern. Dabei ist die Altersmischung zu beachten, die z. B. auch durch Geschwisterkinder entsteht.

Werden Eltern, Geschwister und Großeltern eingeladen?

🌸 Feste, bei denen viele Gäste eingeladen werden, müssen langfristig bekannt gegeben werden.

🌸 Gegebenenfalls werden noch zusätzliche Sitzgelegenheiten und Geschirr benötigt, die sich bei anderen Einrichtungen ausleihen lassen. Eventuell bieten sich auch Festgarnituren an, die Eltern organisieren können.

Werden Eltern für die Vorbereitungen gebraucht?

Wenn für Dekorationen, das Aufräumen oder Abbauen Eltern oder andere HelferInnen benötigt werden, sollte bereits zwei bis drei Wochen vor dem Fest ein Plakat zum Eintragen aufgehängt werden, am besten in der Nähe des Eingangsbereichs.

Ist eine schriftliche Anmeldung erforderlich?

Eine schriftliche Anmeldung auf der Einladung erleichtert insbesondere bei großen Gruppen die Planungshilfe. Die Anmeldung sollte ein bis zwei Wochen vor dem Fest erfolgen.

Gibt es eine gute Beschallungsanlage mit Mikrofon?

Transportable Verstärkeranlagen oder handliche Allroundsysteme mit Mikrofonanschluss kommen manchmal sogar mehrere Stunden ohne Strom aus, sodass sich diese auch für ein Fest im Freien eignen.

Wer übernimmt die Moderation?

Je nach Art des Festes werden unterschiedliche Arten von Moderation benötigt.

* Bei einem offenen Spielfest genügt ggf. eine kurze Begrüßung zur Festeröffnung und vielleicht einige herzliche Abschiedsworte, unterstützt z. B. durch ein gemeinsames Schlusslied.

* Geht es um ein Fest, das z. B. einer Spielekette oder Stationen folgt oder bei dem ein Programm aufgeführt wird, sollte es eine Person geben, die durch animierende Ankündigungen der verschiedenen Aktionen durch den Nachmittag führt und dem Ganzen dadurch einen atmosphärischen Rahmen verleiht.

Gibt es eine Fest-Nachbereitung?

* Es sollte vorab geklärt werden, wer für das Aufräumen verantwortlich ist.

* Nicht zu vergessen ein herzliches Dankeschön an alle fleißigen Vor- und NachbereitungshelferInnen!

* Je nach Fest kann z. B. eine Foto-Collage mit Bildern vom Festtag erstellt werden, die in der Einrichtung aufgehängt wird. Und falls Basteleien oder sonstige kreative Kunstwerke entstanden sind, können diese gut auf einem Extra-Tisch präsentiert werden, z. B. im Eingangsbereich.

Nun wünsche ich allen Kostümfest-Begeisterten oder solchen, die einfach mal außerhalb der fünften Jahreszeit ein Kostümfest durchführen und etwas Neues kennenlernen wollen, viel Spaß und Erfolg!

Andrea Erkert

Zirkusfest

Manege frei für Clown & Ballerina

Bis zum heutigen Tag gibt es Zirkusse, die von sich reden machen, auf Groß und Klein eine besondere Faszination ausüben und große Erfolge feiern. Die bunte Zirkuswelt lädt zum Träumen, Staunen und Fröhlichsein ein und bietet eine nahezu unerschöpfliche Rollenvielfalt, sodass garantiert für jedes Kind etwas dabei ist. Die Kinder können als Clowns, Ballerinas und Seiltänzer, aber auch als eine dressierte Löwengruppe auftreten und somit die Rolle spielen, mit der sie sich gerade am besten identifizieren können.

Das Zirkusfest eignet sich z. B. sehr gut zum Abschluss eines Zirkus-Projekts. Dadurch, dass die Kinder die eine oder andere Zirkusnummer einstudieren müssen, bedarf es natürlich etwas mehr spielerischer Vorbereitung als bei den anderen Kostümfesten. Auf diese Weise wird im erheblichen Maße die Vorfreude auf das Zirkusfest gesteigert und ein Zusammengehörigkeitsgefühl entwickelt. Zu alldem wird die Anstrengung belohnt, wenn die Kinder in der Zirkusmanege stolz und selbstbewusst ihr Können einem großen Publikum präsentieren dürfen.

Zirkuszelt-Einladung

Material: 1 weißer DIN-A4-Tonkartonbogen pro Kind, Klebstoff, Malstifte

... am 15. November von 15 bis 17 Uhr in den Kindergarten ein. Der Eintritt inkl. Popcorn und Getränken kostet für Erwachsene: 1,- Euro und für alle Kinder 50,- Cent. Es erwartet Euch eine tolle Zirkusvorstellung und vieles mehr.

Die Kinder überlegen sich einen Zirkusnamen wie z. B. „Zirkus Farbenfroh", „Zirkus Fantastico" oder ganz einfach „Zirkus *Sonnenblume*" (der Name der Einrichtung).
Sie legen je einen Tonkartonbogen im Querformat vor sich auf den Tisch.
Sie falten ihn wie ein Buch auf die Hälfte zusammen und wieder auseinander.
Die beiden oberen Ecken falten sie bis zur Mittellinie, sodass ein dreieckiges Dach entsteht, und kleben die Ecken fest.

Sie drehen das Ganze um: Fertig ist das Zirkuszelt! Auf die Vorderseite schreibt die Spielleitung z. B.: „Zirkus Fantastico lädt alle herzlich …" Für die Rückseite orientiert sie sich an der Abbildung (→ S. 9).
Nach der Beschriftung wird die vordere Seite der Einladung, das Zirkuszelt, angemalt. Wer möchte, malt z. B. Clowns, Löwen und Artisten dazu.

Kostüme & Schminktipps

Zirkusdirektorln

Material: rotes Langarm-Shirt, 6–10 goldene Knöpfe, Nähzeug, gelbes und schwarzes Krepppapier, Sicherheitsnadeln, weißer Filz (ca. 1 m × 10 cm), schwarze Hose, weiße Baumwoll- oder Einweghandschuhe (z. B. aus der Apotheke), schwarzer Tonkartonbogen (50 × 70 cm), Tacker, schwarzer Stoff, Klebstoff, Theaterschminke; evtl. goldener Glitter

Grundkostüm
Auf das langarmige Shirt werden vor der Brust die goldenen Knöpfe angenäht, sodass eine zweireihige Zirkusdirektor-Uniform entsteht.
Aus dem gelben Krepppapier werden zwei 5 × 10 cm lange Streifen geschnitten und mit Sicherheitsnadeln als Schulterstreifen an dem Shirt befestigt.
Aus dem schwarzen Krepppapier wird ein 5 × 30 cm langer Streifen geschnitten und um den Hals als Fliege zu einer Schleife gebunden.
Der weiße Filzstoff wird darüber als Schal um den Hals geschlungen.

Dazu trägt das Zirkusdirektor-Kind eine schwarze Hose und weiße Handschuhe.

Zylinder
Die Spielleitung misst mit der langen Seite des schwarzen Tonkartonbogens den Kopfumfang des Kindes aus, schneidet den überstehenden Karton ab und tackert die Enden zu einer Rolle zusammen.
Diese Zylinder-Grundform stellt sie auf den ausgebreiteten schwarzen Stoff und zeichnet mit der Hand einen etwas größeren Kreis darum herum, den sie ausschneidet.
Sie klebt den Kreis aus Stoff über eine Öffnung des Zylinders, wobei sich der überschüssige Stoff auf der Innenseite befindet. Damit der Zylinder stabiler ist, wird der Stoff zusätzlich an der Rolle festgetackert.
Aus dem schwarzen Stoff wird ein 20 × 70 cm langes Stück ausgeschnitten und auf der Rückseite Klebstoff aufgetragen.
Der Stoff wird der Länge nach zusammengerollt und außen als Hutkrempe um die Öffnung des Zylinders geklebt.

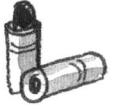

Schminktipp

Ein **Zirkusdirektor** bekommt einen schwarzen gezwirbelten Oberlippenbart, dunkle Augenbrauen und rote Wangen. Eine **Zirkusdirektorin** bekommt ebenfalls rote Wangen und dazu rote Lippen, weiße Lider und goldenen Glitter auf Stirn und Wangen.

schwarzer Stoff

schwarzer Tonkarton

angeklebler Stoff

Clowns

Material: altes, weißes Erwachsenen-T-Shirt, Stoffmalfarben, Geschenkband (ca. 1 m lang), Sicherheitsnadel, Kissen, Erwachsenenhose, Gurtel oder Hosentrager, rote Wolle, Alleskleber, alter bunter Hut oder Badekappe, roter Mini-Joghurtbecher, Nadel, weiße dünne Wolle, Theaterschminke; evtl. Kamm, rotes Haarspray

Grundkostüm

Jeder Clown bemalt sein T-Shirt z. B. mit bunten Farbtupfern oder wilden Mustern.

Das Geschenkband wird zu einer großen Schleife gebunden und mit einer Sicherheitsnadel am Halsausschnitt befestigt.

Unter das T-Shirt stopft sich jedes Kind ein Kissen als dicken Bauch und zieht sich eine viel zu weite Hose an, die es mit einem Gürtel oder Hosenträgern über dem Kissenbauch befestigt. Die zu langen Hosenbeine werden schief aufgekrempelt.

Für die Kopfbedeckung werden jede Menge ca. 10 cm lange Wollfäden vom Knäuel abgeschnitten und am Rand der Innenseite des Hutes oder der Bademütze angeklebt.

Tipp: Ist die Kopfbedeckung zu aufwendig, wird sie durch rotes Haarspray ersetzt (→ Schminktipp).

Pappnase

Als Pappnase eignet sich ein roter Mini-Joghurtbecher. Die Spielleitung sticht an zwei gegenüberliegenden Seiten unterhalb der Öffnung zwei kleine Löcher ein, durch die sie jeweils einen dünnen weißen Wollfaden fädelt und am Becher verknotet.

Die beiden anderen Enden werden am Hinterkopf des Kindes so verknotet, sodass die Pappnase gut hält.

Schminktipp

Alle Clowns bekommen rote Lippen und werden großflächig um den Mund herum mit weißer Farbe geschminkt. Darum herum wird ein schwarzer Rand gezeichnet.

In kräftigem Rot bekommen die Clowns zwei rote Apfelbäckchen und – falls das Kind keine Pappnase tragen möchte – auf die Nasenspitze einen dicken roten Punkt.

Die Augenbrauen werden mit schwarzer Farbe nachgezeichnet – fertig ist das lustige Clownsgesicht!

Wer keinen Hut oder Bademütze tragen möchte, lässt sich die Haare in alle Richtungen toupieren und mit rotem, leicht auswaschbarem Haarspray einsprühen.

Grundkostüm

Der Plüschstoff wird einmal der Länge nach zusammengeklebt, sodass er halb so breit, aber viel dicker ist: So entsteht der Löwenschwanz! An ein Ende wird etwas Kunstfell als Schwanzhaar angeklebt und das andere Ende des Schwanzes wird an der Strumpfhose auf Pohöhe angenäht.

Aus dem großen Kunstfell wird ein ca. 100 × 10 cm langer Fellstreifen zurechtgeschnitten und so über einen Haarreifen geklebt, dass die beiden Enden des Fellstreifens links und rechts wie eine Löwenmähne seitlich am Kopf herunterhängen.

Dazu tragen die Löwen-Kinder gelbe T-Shirts.

Feuerreifen

An jeden Gymnastikreifen werden mehrere Krepppapierstreifen mit Klebeband befestigt, sodass sie wie ein Vorhang am senkrecht aufgestellten Reifen herunterhängen. Die Mitte wird ein wenig ausgespart, damit die Kinder gut durch den Reifen krabbeln können.

Schminktipp

Das Gesicht der Löwen-Kinder wird mit einem Schwämmchen komplett flächig in Orange-Braun geschminkt. Um den Mund herum wird etwas weiße Farbe aufgetragen. Auf die Nase kommt ein dicker schwarzer Punkt und auf den Wangen werden ebenfalls in Schwarz die Löwenhaare gemalt.

Die Haare der Löwen-Kinder werden um den Haarreif herum wild toupiert und mit gelbem Haarspray eingesprüht.

Löwen

Material: hellbrauner Plüsch (ca. 4 × 50 cm), Alleskleber oder Heißklebepistole, hellbraune Kunstfell- oder Wollreste, gelbe oder braune Strumpfhose, Nähzeug, hellbraunes Kunstfell (1 × 1 m), breiter Plastikhaarreifen, gelbes T-Shirt, 2–3 Gymnastikreifen, Krepppapierstreifen in Rot, Gelb und Orange, Klebeband, Theaterschminke, Schminkschwämmchen, gelbes Haarspray, Kamm

Pferde

Material: Metermaß, weiße, braune und schwarze Stoffbahnen (ca. 80 cm breit), farblich passende Kordel, Nähzeug, Stoffmalfarben, Pinsel, Strumpfhose in Weiß, Braun oder Schwarz, goldenes Tonpapier, Tacker, 3 lange Bastelfedern, 2 Paar schwarze Socken, Theaterschminke, Schminkschwämmchen, Kamm, Haarlack, Haarklammern

Jedes Pferde-Kind streckt seine Arme aus und die Spielleitung misst die Länge von der Schulter bis zur Handspitze.

Sie schneidet eine Stoffbahn auf diese Länge zu, umnäht eine Längsseite und zieht durch den entstandenen Tunnel eine farblich passende Kordel.

Auf den Umhang wird auf Pohöhe ein dicker, geschwungener Pferdeschwanz gemalt.

Der getrocknete Umhang wird über die Schultern gelegt, an der oberen Kante zusammengerafft und die beiden Kordelenden zu einer Schleife gebunden.

Das Kind zieht sich passend dazu eine gleichfarbige Strumpfhose an.

Aus dem Tonpapier wird ein ca. 3 cm breiter Streifen für ein Stirnband geschnitten, der an den Kopfumfang der einzelnen Kinder angepasst wird. Die Enden werden entsprechend zusammengetackert. An der Innenseite des Stirnbands werden mittig an der Stirnseite möglichst nah beieinander drei große Federn festgetackert.

Dazu ziehen die Pferde-Kinder schwarze Socken als Pferdehufe über Füße und Hände.

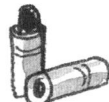

Schminktipp

Die Spielleitung schminkt die Gesichter der Pferde-Kinder großflächig in der gleichen Farbe wie das Kostüm. Mit einem schwarzen Schminkstift werden die Augen extra betont.

Die Haare der Pferde-Kinder werden nach hinten gekämmt und zu einer Mähne toupiert, die mit Haarlack besprüht und ggf. mit Haarklammern festgehalten wird.

Ballerinas & Seiltänzer

Material: weißes T-Shirt oder unifarbenes Top, weiße Strumpfhose, Gymnastikschuhe, ca. 5 Chiffontücher in einer Farbe, Kordel, Kinderschirm, goldenes Tonpapier (ca. 10 cm breit und 80 cm lang), Tacker, Gymnastikstab, Theaterschminke, Silberglitter, Haarspangen, Haargel

Grundkostüm Ballerina

Die Ballerinas ziehen ein weißes T-Shirt, eine weiße Strumpfhose und ein Paar Gymnastikschuhe an.

Dazu knoten sie sich eine locker gespannte Kordel um die Taille und ziehen mehrere farbige Chiffontücher rundum so über die Kordel, dass sie auf beiden Seiten gleich lang herunterhängen und ein lockerer Tüllrock entsteht.

Ein Kinderschirm dient als Balancierhilfe.

Grundkostüm Seiltänzer

Die Seiltänzer ziehen z. B. ein rotes oder blaues Top an, dazu ebenfalls weiße Strumpfhosen und Gymnastikschuhe.

Aus dem goldenen Tonpapier wird ein 10 × 80 cm langer Streifen geschnitten, als

Gürtel um die Taille zusammengetackert und die überstehenden Enden abgeschnitten. Die Balancierhilfe besteht hier aus einem Gymnastikstab.

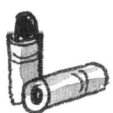

Schminktipp

Die Ballerinas werden um die Augen herum bunt geschminkt und bekommen die Lippen pinkfarben angemalt. Dazu tragen sie auf Stirn, Wangen und Armen Silberglitter auf.

Sie tragen je nach Haarlänge schöne Haarspangen und binden ihre Haare zu einem Zopf zusammen.

Die Seiltänzer erhalten das Gesicht nach Wunsch entweder wie ein Pantomime ganz weiß mit schwarzer Augenumrandung geschminkt oder sie bekommen in der Farbe ihres Tops drei oder vier größere Sterne quer über Augen, Nase und Wangen gemalt. Die Haare werden glatt nach hinten gegelt.

Zirkusteam

Material: 1 altes weißes T-Shirt und 1 blaue Jeans pro Kind, Stoffmalfarbe, Theaterschminke, Glitter

Alle übrigen Kinder, die z. B. als PlatzanweiserInnen tätig sind oder das Popcorn austeilen, bringen ein weißes T-Shirt mit, auf das sie mithilfe der Spielleitung in großen Druckbuchstaben mit Stoffmalfarbe den Zirkusnamen schreiben. Zudem ziehen alle z. B. eine blaue Jeans an, sodass eine einheitliche Zirkuskluft entsteht.

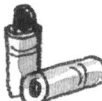

Schminktipp

Die Kinder vom Zirkusteam bekommen passend zum Zirkusnamen das gleiche Symbol auf beide Wangen gemalt, z. B. für „Zirkus Sonnenblume" zwei Sonnenblumen, für „Zirkus Fantastico" zwei bunte, abstrakte Formen mit Glitter darum herum oder für „Zirkus Farbenfroh" zwei kleine Regenbögen.

Dekoration

Zirkuszelt

Material: unterschiedlich farbige Stoffbahnen oder Kreppapierrollen (mind. 1 × 4 m), Reißnägel, Hammer

Die Spielleitung verwandelt den Festraum mit unterschiedlich farbigen Stoff- oder Kreppapierbahnen in ein Zirkuszelt.
Dazu befestigt sie das eine Ende mehrerer Stoffbahnen mit Reißnägeln in der Raummitte an der Decke.

Das andere Ende der Bahnen spannt sie sternförmig in alle Richtungen und befestigt die Bahnen ca. auf Kopfhöhe eines Erwachsenen an den Wänden, sodass eine Art Zeltkuppel entsteht.
Sind die Bahnen lang genug, werden sie nicht straff gespannt, sondern hängen zwischen Decke und Wand locker durch. Außerdem kann das letzte Stück der bunten Bahnen lose an den Wänden herunterhängen.

Die Manege

Material: viele Umzugskartons o. Ä.,
deckende Farbe, Pinsel, Kindergartenstühle,
normale Stühle und Tische; evtl. Leintücher

Die Umzugskartons werden von den Kindern
bunt bemalt und zu einem fast geschlossenen
Kreis als Manegenbegrenzung unter der Zeltkuppel aufgestellt. Eine Öffnung dient als Artisteneingang.
Um die Manege herum wird eine Reihe Kindergartenstühle aufgestellt, dahinter ein zwei-
ter Halbkreis mit größeren Stühlen und
ein dritter Halbkreis mit Tischen zum
Draufsetzen, sodass alle Zuschaue-
rInnen die Vorstellung gut
verfolgen können.

Hinter dem Artisteneingang wird ein kleiner,
nicht einsehbarer Bereich mit aufeinanderge-
türmten Umzugskartons oder Tischen aufgebaut und mit Leintüchern verhängt. Dahinter
warten die ZirkuskünstlerInnen auf ihren Auf-
tritt oder es liegen hier – bei weniger Platz – Re-
quisiten bereit, während alle Kinder immer mit
im Publikum sitzen.

Essen & Trinken

Popcorn

Zutaten für 20 Kinder: Sonnenblumenöl
oder Butter, 500 g Popcorn-Mais, Zucker oder
Salz
Material: Popcornmaschine oder hoher
großer Topf, kleine Papiertüten o. Ä., leerer
großer Schuhkarton ohne Deckel, dicke
Kordel

Wer keine Popcornmaschine besitzt, erhitzt
das Sonnenblumenöl oder die Butter in einem
hohen Topf und fügt die Maiskörner hinzu, bis
der Boden bedeckt ist.
Den Topf sofort mit dem Deckel schließen, da
die ersten Flocken relativ schnell anfangen zu
springen.
Erst wenn es nicht mehr knallt, wird der Topf
von der Platte genommen und das fertige Popcorn je nach Geschmack mit etwas Zucker oder
Salz bestreut. Der Deckel kommt wieder auf
den Topf und alles wird kräftig durchgeschüt-
telt.
Tipp: Das Popcorn servieren ein oder zwei Kinder vom Zirkusteam wie im Kino in kleinen Papiertüten kurz vor der Vorstellung und – falls
eingeplant – in der Pause.
Dazu basteln sie sich jeweils einen **Bauchladen:** In der Mitte der beiden kurzen Seiten
des Schuhkartons wird je ein Loch gestochen
und mit einer langen, dicken Kordel durchzo-
gen. Deren Enden werden um den Hals geschlungen und dort verknotet, sodass die Papiertüten mit dem Popcorn gut im Bauchladen
transportiert werden können.

Artistentrunk

Zutaten für 20 Kinder: 3 Flaschen Mineralwasser, je 1 Flasche Kirsch-, Trauben- und
Pflaumensaft, 1 Glas und 1 farbiger Strohhalm
pro Gast, aufspießbares Obst je nach Jahreszeit
(Kirschen, Trauben, Pflaumen, Ananas …)

Zu Trinken gibt es einen Artistentrunk mit einem langen Strohhalm als Balancierstange
über dem Glas. Hinein kommt ein Mut ma-
chender, roter Saft wie Kirsch-, Pflaumen- oder
Traubensaft zum „Anfeuern", gemixt mit quir-
ligem Mineralwasser, sodass der Durst besonders gut gelöscht wird.
Damit der Balancier-Strohhalm auf dem Glas-
rand hält, werden – je nach Jahreszeit und ggf.
passend zum Saft – zwei oder drei Früchte aufgespießt und mittig auf den Strohhalm gescho-
ben, sodass die Früchte in das Glas hineinra-
gen.

Das Fest beginnt

Sobald die Gäste eintreffen, werden sie vom Zirkusteam zu ihren Plätzen im Zirkuszelt geführt. Getränke und Popcorn werden verteilt und schließlich wird das Licht gedimmt, sodass die große Zirkusvorstellung beginnen kann.

Tipps:

✳ Die folgenden Spielaktionen und Lieder in diesem Kapitel sind wie eine Spielekette für eine komplette Zirkus-Vorführung angeleitet. Werden die Übergänge leicht abgeändert, lassen sich alle Aktionen aber auch einzeln umsetzen oder in eine andere Reihenfolge bringen.

✳ Die Zirkusnummern müssen natürlich vorher einstudiert und geprobt werden! Ein großer Spaß für die Kinder, wenn sie Zeit und Unterstützung bekommen, um sich auszuprobieren und eine Nummer zu verbessern.

♫ Manege frei! ◑ Nr. 13

Das Zirkusdirektor-Kind betritt die Manege und heißt das hochverehrte Publikum im Zirkus *Fantastico* herzlich willkommen. Es wünscht allen viel Freude mit den Darbietungen und ruft dann: „*Manege frei!*"
Alle Zirkus-Kinder vor und hinter den Kulissen postieren sich links und rechts neben dem Artisteneingang am Rand der Manege und singen gemeinsam das Lied „Manege frei!" Beim Refrain klatschen die Zuschauer kräftig mit.

1. Jetzt müsst ihr schau'n, schau'n, schau'n,
hier kommt ein Clown, Clown, Clown,
der macht mit uns jetzt richtig Spaß.
die Clowns kommen in die Manege und machen Unsinn,
kneifen sich selbst oder gegenseitig in den Po …
Jetzt kommt der Clown, Clown, Clown,
da müsst ihr schau'n, schau'n, schau'n,
der hat 'nen Bauch so wie ein Fass.
auf den Bauch deuten und wild herumhüpfen
||: Er hebt den linken Arm,
er hebt den rechten Arm,
jetzt springt er wie ein Hampelmann. :||
Bewegungen wie im Text

2. Jetzt müsst ihr schau'n, schau'n, schau'n,
hier kommt ein Clown, Clown, Clown,
der macht mit uns jetzt richtig Spaß.
Jetzt kommt der Clown, Clown, Clown,
da müsst ihr schau'n, schau'n, schau'n,
der hat 'nen Bauch so wie ein Fass.
auf den Bauch deuten und wild herumhüpfen
Hält sich die Nase zu
und kneift sich in den Po,
darüber lacht er sich dann krumm.
Bewegungen wie im Text
Hat in der großen Hose einen Floh,
und darum springt er wild herum.
wild herumspringen

Refrain (2 ×)
Manege frei! Wir sind dabei!
Denn hier im Zirkuszelt
trifft sich die ganze Welt.
alle Clowns stellen sich zu den anderen Kindern, die in die Runde zeigen

Manege frei! Wir sind dabei!
Wenn gleich der Vorhang fällt
in unser'm Zirkuszelt.
beide Handflächen als Vorhang aneinanderhalten und
fallen lassen, in die Runde deuten

3. Hey, da kommt 'ne Herde
wunderschöner Pferde.
Am Ende, da läuft Bonnie,
ein kleines weißes Pony.
die Pferde-Kinder traben hintereinander in die Manege
und laufen langsam im Kreis, als letztes ein weißes Pony
‖: Erst macht es hepp, hepp, hepp,
dann macht es hopp, hopp, hopp,
jetzt läuft es ganz schnell im Galopp, -lopp,
-lopp. :‖
Arme vor der Brust anwinkeln, Fäuste bilden und im Takt
vor- und zurückbewegen, dazu hüpfen und dann schnell
auf der Kreisbahn galoppieren

Refrain (2 ×)
Manege frei! Wir sind dabei …
die Pferde-Kinder verlassen die Manege, die anderen Kin-
der zeigen in die Runde …

4. Die kleine Ballerina,
die finde ich ganz prima,
die tanzt hoch auf dem Seil.
die Ballerinas und Seiltänzer betreten die Manege, das
Zirkusteam breitet schnell für alle ein Seil auf dem Boden
zum Balancieren aus
Sie setzt den linken Fuß
erst vor den rechten Fuß,
dann streckt sie beide Arme aus.
Bewegungen wie im Text
Sie setzt den rechten Fuß
nun vor den linken Fuß
und ruht sich eine Weile aus.
Bewegungen wie im Text, in die Hocke gehen zum Aus-
ruhen

Refrain (2 ×)
Manege frei! Wir sind dabei …
aufstehen, mit geschlossenen Beinen vom Seil hüpfen und
rhythmisch hüpfend die Manege verlassen, die anderen
Kinder zeigen in die Runde …

Ist das Lied beendet, verlassen alle Kinder win-
kend nacheinander die Manege.

 Die Noten zu allen Liedern gibt es als kostenlosen
Download unter **www.oekotopia-verlag.de/**
prinzessin-und-piraten.html

Clown-Begrüßung

Das Zirkusdirektor-Kind kündigt die Clowns an, von denen zwei gleich zu früh mitten in die Ankündigung platzen. Gibt das Zirkusdirektor-Kind die Manege frei, stolpern auch die anderen Clowns herein.

Zu zweit laufen sie mit großen Schritten und ausgestreckten Armen aufeinander zu, um sich gegenseitig zu begrüßen. Dabei laufen sie jedoch knapp aneinander vorbei. Sie drehen sich um, staunen, kratzen sich verwirrt am Kopf und wiederholen das einige Male, ehe sie sich endlich gegenseitig um den Hals fallen – und dabei umfallen und sich über den Boden kugeln …

Lustiges Spiegelbild

Das Zirkusdirektor-Kind kommt herein, ruft die Clowns zur Ordnung, hilft ihnen aufzustehen und lässt sie überprüfen, ob sie für die Zirkusvorstellung überhaupt ordentlich angezogen sind. Dann geht es wieder hinaus.

Dazu stellen sich wieder je zwei Clowns gegenüber und schauen sich in die Augen. Einer von beiden tut so, als ob er in einen Spiegel schaut, und richtet mit langsamen Bewegungen seine Kleidung, bewegt seinen Kopf vor und zurück, macht dicke Backen, kratzt sich am Kopf, streckt seinen Po dem anderen entgegen usw. Sein Gegenüber ahmt als sein Spiegelbild sämtliche Bewegungen genau nach.

Zum Schluss tut der erste Clown so, als würde er seinem Spiegelbild in den Po treten, woraufhin der zweite Clown eine Bauchlandung macht. Und der erste Clown? Er hält sich den Bauch und lacht.

Ohrfeigen-Slapstick

Material: Geschirrtuch

Das Zirkusdirektor-Kind kommt kopfschüttelnd in die Manege und bittet den lachenden Clown, sich bei dem anderen zu entschuldigen. Doch da steht der zweite Clown wütend auf und versucht dem anderen eine Ohrfeige zu geben. Er streckt seinen rechten Arm weit zur Seite aus, doch kurz bevor er mit seiner Hand die Wange des ersten Clowns erreicht, duckt sich dieser, sodass seine Hand auf seine eigene linke Wange klatscht und er sich selbst ohrfeigt. Währenddessen klatscht der erste Clown laut in die Hände. Das Zirkusdirektor-Kind flüchtet dabei erschrocken aus der Manege.

Diese Aktion wird noch zweimal wiederholt und jedes Mal ohrfeigt sich der zweite Clown selbst. Bei der dritten Ohrfeige fängt der zweite Clown an laut zu weinen. Dem ersten Clown tut das sehr leid. Er zieht aus einer Hosentasche ein Geschirrtuch als überdimensioniertes Taschentuch. Der zweite Clown putzt sich damit geräuschvoll und ausgiebig die Nase, wischt seine imaginären Tränen ab und reicht das schmierige Tuch dem anderen Clown zurück, der es angeekelt, aber höflich einsteckt.

Tipps:

✳ Je nach Alter der Kinder bietet sich das Ohrfeigen auch in Zeitlupe an, damit der Gag besser gezeigt werden kann.

✳ Gibt es mehr als zwei Clowns, halten sich diese während der Aktion am Rand der Manege auf und gucken von dort aus zu; danach steigen sie wieder mit ein.

Jonglieren

Material: 1 Chiffontuch pro Clown, 2–3 Geschirrtücher, ruhige Instrumentalmusik

Das Zirkusdirektor-Kind kommt wieder in die Manege und freut sich, dass sich beide Clowns wieder so gut vertragen. Es lobt sie sehr und gibt ihnen zur Belohnung bunte Chiffontücher. Als Gag erhält ein älteres Clown-Kind stattdessen drei Geschirrtücher – oder ein jüngeres Clown-Kind zwei Geschirrtücher.

Alle Clowns jonglieren zum ruhigen Rhythmus der Musik mit den bunten Chiffon- bzw. Geschirrtüchern.

Nach einer Weile schaltet die Spielleitung die Musik aus. In diesem Moment holt einer der Clowns sein Kissen unter seinem Kostüm hervor und beginnt eine wilde Kissenschlacht, in die alle Clowns nach und nach einsteigen, bevor sie vom Zirkusdirektor-Kind aus der Manege gescheucht werden.

Pferde-Dressur Nr. 13

Material: 1 Springseil, 2 Stühle

Das Zirkusdirektor-Kind kündigt nun die Pferde an und teilt dem Publikum mit, dass diese ihm ganz besonders am Herzen liegen, da es sie selbst dressiert hat. Allerdings sind die Pferde auch ein bisschen stolz und kommen nur, wenn sie mit einem Lied begrüßt werden. Deshalb singen alle zusammen noch einmal die dritte Strophe und den Refrain des Lieds „Manege frei" (→ S. 18). Dazu laufen sogleich die Pferde-Kinder hintereinander in die Manege, traben im Kreis herum und machen passend zum Text die Bewegungen. Das Zirkusdirektor-Kind bleibt in der Mitte als Dompteur stehen.

Ist der Refrain beendet, zeigen die Pferde einige Kunststücke, die das Zirkusdirektor-Kind mit großen Gesten und lauten Kommandos begleitet:

✳ im Galopp hintereinander im Kreis laufen,
✳ einen Kreis auf allen Vieren bilden und auf zwei Beinen stehen, indem sie ihre Vorderfüße auf Kopfhöhe halten,
✳ sich auf allen Vieren um die eigene Achse drehen,
✳ über ein Seil springen, das zwei Kinder vom Zirkusteam gespannt halten,
✳ im Slalom auf allen Vieren um zwei Stühle traben, die das Zirkusteam schnell aufstellt.

Zum Abschluss werden alle Pferde mit dem Refrain von „Manege frei" verabschiedet und sie verlassen nacheinander im Galopp die Manege.

Ballerinas und Seiltänzer

Material: 1–2 Turnbänke, Turnmatten, ruhige Instrumentalmusik

Das Zirkusdirektor-Kind kündigt die grazilen Ballerinas und sagenhaften Seiltänzer an, die gleich ihr Können in der Manege zum Besten geben werden.

Währenddessen stellt das Zirkusteam die Turnbänke mit der Sitzfläche auf dem Boden bereit und legt darum herum zur Sicherheit Turnmatten aus.

Die Ballerinas kommen mit ihren Schirmen zur einsetzenden Musik mit einem Knicks in die Manege und steigen auf die Bänke. Die Seiltänzer erscheinen mit ihren Balancierstäben, machen eine Verbeugung vor dem Publikum und steigen ebenfalls auf die Bänke. Während alle je nach Anzahl gleichzeitig oder nacheinander mit ausgebreiteten Armen bzw. mit Schirm und Stock auf dem schmalen Balken balancieren, führen sie folgende Kunststücke vor:

* in die Hocke gehen und wieder aufrichten,
* sich um die eigene Achse drehen,
* ein Bein nach hinten ausstrecken,
* das rechte Bein seitlich an das rechte Knie führen und die Arme weit nach oben ausstrecken, das Gleiche mit dem linken Bein,
* das rechte Bein neben dem Balken nach unten ausstrecken, den rechten Fuß vor den linken setzen und das Gleiche mit dem linken Fuß wiederholen, dabei beide Arme weit zur Seite ausstrecken.

Sobald alle Ballerinas und Seiltänzer mit geschlossenen Beinen und von ihren Balken gesprungen sind, machen sie einen Knicks bzw. eine Verbeugung, winken dem Publikum zum Abschied zu und verlassen die Manege.

Der Löwe ist los Nr. 14

Die Löwen-Gruppe ist an der Reihe. Das Zirkusdirektor-Kind macht das Publikum darauf aufmerksam, dass sich gleich alle ganz leise verhalten müssen, um die Löwen nicht zu reizen. Denn sonst kann es schnell passieren, dass ein Löwe ausreißt! Das Zirkusdirektor-Kind erzählt, dass ihnen schon einmal ein Löwe entwischt ist. Davon will das ganze Zirkusteam mit allen KünstlerInnen dem hochverehrten Publikum in einem Lied berichten und versammelt sich dazu in der Manege.

Strophe

Heut' ist ein Zirkus in uns'rer Stadt,
ein spitzes Dach mit den Händen andeuten
da sieht man Clowns, Artisten und auch wilde Tiere.
die eigene (Clown-)Nase anstupsen, Arme zur Seite strecken, Krallen zeigen
Heut' ist ein Zirkus in uns'rer Stadt,
der jede Menge Spaß für alle Leute hat.
ein spitzes Dach mit den Händen andeuten, auf das Publikum deuten
Doch plötzlich hört man einen Schrei,
da kommt auch schon die Polizei
und alle schrei'n entsetzt: „Ahhh!!!"
Hände über dem Kopf kreisförmig wie eine Sirene bewegen

Refrain (2 ×)

Der Löwe ist los! Der Löwe ist los!
Der Löwe ist los! Und alle spiel'n verrückt!
ein Löwen-Kind springt in die Manege und läuft im Kreis herum, alle anderen deuten auf den Löwen, der fluchtartig wieder die Manege verlässt

Zwischenteil

Die Affenbande tobt herum.
alle machen Affenbewegungen
Die Tänzerin geht hoch aufs Seil.
Ballerinas und Seiltänzer strecken die Arme zur Seite zum Balancieren
Der Clown springt auf der Stelle rum.
die Clowns hüpfen auf der Stelle
Die Pferde rennen los.
die Pferde-Kinder traben im Takt auf der Stelle
Der Elefant, der trötet laut.
alle machen den Rüsselgriff und tröten pantomimisch
Die Pinguine wackeln rum.
alle watscheln wie Pinguine auf der Stelle
Der Seehund klatscht Applaus.
alle klatschen in die Hände
Und aus dem großen Zirkuszelt,
da rennen alle Leute raus.
ein spitzes Dach mit den Händen andeuten und auf der Stelle laufen

Refrain: Der Löwe ist los …

Strophe: Heut' ist ein Zirkus in uns'rer Stadt …

Refrain: Der Löwe ist los …

Am Ende des Liedes teilt das Zirkusdirektor-Kind allen mit, dass der Löwe mithilfe der Polizei zum Glück wieder gefangen werden konnte.

Die Noten zu allen Liedern gibt es als kostenlosen Download unter **www.oekotopia-verlag.de/ prinzessin-und-piraten.html**

Die Löwen

Material: 1 Postament (z. B. Hocker oder stabile Holzkiste) pro Löwen-Kind, 4 Springseile, Feuerreifen (→ S. 13)

Damit sich der Löwenausbruch nicht wiederholt, bittet das Zirkusdirektor-Kind das hochverehrte Publikum, besonders aufmerksam und leise zu sein, um die Löwen nicht zu reizen.
Das Zirkusteam stellt für jeden Löwen ein Postament im Kreis auf. Vier Kinder des Zirkusteams stellen den Löwenkäfig dar, indem sie in der Manege ein Viereck bilden und zwischen sich jeweils ein Springseil locker gespannt in den Händen halten.
Ein Käfig-Kind öffnet den Käfig zum Artisteneingang hin und ruft die Löwen, die daraufhin gemächlich auf allen Vieren in den Manegen-Käfig schleichen und sich nach allen Seiten umsehen. Sind alle Löwen drin, betritt das Zirkusdirektor-Kind mit einem langen Stock ebenfalls den Käfig und stellt sich in die Kreismitte. Das Käfig-Kind schließt den Käfig hinter ihm. Das Zirkusdirektor-Kind hebt die Arme in die Luft und alle Löwen springen auf ein Postament und knien sich darauf. Es bittet das Publikum noch einmal um Ruhe und deutet dann mit seinem Zeigefinger auf die einzelnen Löwen, die daraufhin folgende Kunststücke machen:

※ sich auf dem Postament mit dem Oberkörper aufrichten, die Krallen zeigen und laut fauchen,

※ vom Postament auf allen Vieren herunterkrabbeln und im Slalom um die einzelnen Postamente krabbeln,

※ auf allen Vieren miteinander die Plätze tauschen,

※ vom Postament nacheinander durch den Feuerreifen springen, den das Zirkusdirektor-Kind senkrecht auf den Boden stellt.

Am Ende knien sich alle Löwen wieder auf ihr Postament. Das Zirkusdirektor-Kind verbeugt sich vor dem Publikum und die Löwen verlassen nacheinander auf allen Vieren gemächlich durch den nun geöffneten Käfig die Manege.

Wenn gleich der Vorhang fällt ● Nr. 13

Zum großen Finale kommen alle Kinder noch einmal in die Manege und singen den Refrain des Lieds „Manege frei!" (→ S. 18).
Am Ende bedankt sich das Zirkusdirektor-Kind beim Publikum und wünscht allen einen guten Nachhauseweg.

Waldtierfest

Kuckuck & Waschbär auf der Spur

Im Frühling, wenn es draußen allmählich wieder wärmer wird, erwachen Igel, Murmeltier & Co. aus ihrem Winterschlaf. Aber auch andere Tiere wie z. B. die Eichhörnchen, die Winterruhe halten, und Zitronenfalter, die den Winter in einer Kältestarre verbringen, können die Kinder nun wieder in der freien Natur beobachten und dabei besonders gut das tierische Verhalten spielerisch nachahmen.

Das Erwachen der Natur kann ein schöner Einstieg für ein Tierprojekt und ein toller Anlass für ein Tierfest mitten im Wald sein. Die Kinder schlüpfen in diesem Kapitel in Tierrollen, mit denen sie sich gut identifizieren können und erfahren durch vielfältige Bewegungsspiele und kleine Beobachtungen so manches, das sie noch nicht wussten. Miteinander soll jedoch auch gefeiert, gesungen, getanzt, gegessen und gelacht werden!

Tier-Einladung

Material: Digitalkamera, 1 hellgrüner DIN-A4-Tonpapierbogen pro Kind, Klebstoff

Bei einem Spaziergang im Wald machen die Kinder sich auf die Suche nach Käfern, Schnecken, Regenwürmern, Schmetterlingen oder vielleicht sogar Vögeln, die sie fotografieren.

Zurück in der Einrichtung sucht sich jedes Kind ein Foto am Computer aus und lässt es im DIN-A6-Format ausdrucken.

Jedes Kind faltet seinen Tonpapierbogen wie ein Buch einmal quer in der Mitte, sodass eine Klappkarte entsteht, und klebt sein Foto mittig auf die obere Seite. Innen wird die Karte z. B. wie in der Abbildung gezeigt beschriftet.

Einladung

Liebe Mama und lieber Papa

Ich möchte Euch gerne am 15. April von 15⁰⁰ bis 18⁰⁰ Uhr zu unserem Tierfest in den Frühlingswald einladen.
Dazu treffen wir uns vor der Grundschule und wandern zu einem nahe gelegenen Waldstück. Dort wollen wir gemeinsam mit allen Sinnen den Frühlingswald erkunden und miteinander ein tolles Tierfest feiern.

Das Fest soll mit einem großen Picknick ausklingen. Hierfür sollte jeder etwas Proviant in den Rucksack packen und für die Familie eine Decke mitbringen, die wir dann bequem in unserem großen Bollerwagen transportieren können.
Nun kommt und freut Euch auf das Tierfest im Wald, denn im Frühjahr ist es längst nicht mehr so kalt!

Euer Max

Kostüme & Schminktipps

Waschbär

Material: brauner Kartoffelsack, schwarzes Langarm-Shirt, schwarze Strumpfhose, Kordel, hellbraunes Kunstfell (Meterware) o. Ä., Alleskleber, schwarze dicke Wolle, Nähzeug, Theaterschminke

In den Boden des Sacks schneidet die Spielleitung ein Loch, durch das ein Kinderkopf locker durchpasst.

Der Sack wird an den Seiten jeweils ein Stück aufgetrennt, sodass zwei Armöffnungen entstehen.

Die Waschbären-Kinder ziehen das Shirt und die Strumpfhose an und streifen den Kartoffelsack über, den sie mit einer Kordel um die Taille befestigen.

Die Spielleitung schneidet ein ca. 30 × 10 cm langes Stück Fell ab, beschmiert es mit Klebstoff und rollt es der Länge nach ein, damit ein buschiger Schwanz entsteht.

Die Kinder schneiden mehrere ca. 10 cm lange dicke Wollfäden ab. Sie binden jeweils fünf bis sechs Stück zusammen um den Schwanz und schneiden die überstehenden Enden ab, sodass ein schwarz-braun geringelter Schwanz entsteht. Dieser wird auf Pohöhe an den Kartoffelsack angenäht.

Schminktipp

Alle Waschbären-Kinder bekommen von der Spielleitung eine Art schwarze Maske um die Augen herum geschminkt (➔ Abb.).

Uhu

Material: braune Stoffbahn (ca. 80 cm breit), braune Kordel, schwarzes Langarm-Shirt, schwarze Hose, viele schwarze Bastelfedern, Nähzeug, weißer Din-A4-Tonpapierbogen, Buntstifte, spitze Schere, Wolle

Grundkostüm

Jedes Uhu-Kind erhält aus dem braunen Stoff einen Umhang (➜ S. 14 „Pferde").
Dazu trägt es ein schwarzes Langarm-Shirt und eine schwarze Hose.
Auf den Umhang und vorne auf das Shirt werden jede Menge schwarze Bastelfedern aufgenäht.

Uhu-Maske

Die Vorlage wird auf DIN A4 vergrößert auf den Tonpapierbogen übertragen und ausgeschnitten.
Die Kinder malen ihre Maske in den naturgetreuen Farben aus. Dabei betonen sie vor allem die Augen des Uhus, indem sie um die Sehschlitze herum einen breiten rotgelben Rand malen.
Sie laminieren die Maske ggf. mithilfe der Spielleitung.
Die Umrandung der Maske und die Augenlöcher werden mit einer spitzen Schere ausgeschnitten.
An den beiden markierten Stellen wird je ein Loch durchgestochen und ein Stück Wollfaden durchgefädelt, sodass sich die Maske damit um den Kopf herum befestigen lässt.

Kuckuck

Material: viele schwarze, braune und graue Bastelfedern, Nähzeug, braunes oder graues Langarm-Shirt, Krepppapier in Hell- und Dunkelbraun, Grau und Weiß, Hose in Grau, Beige oder Braun, Seil, DIN-A4-Tonpapierbogen, Buntstifte, spitze Schere, Wolle

Grundkostüm

Die Bastelfedern näht die Spielleitung vorne und hinten mit ein paar Stichen auf das Shirt.
Aus dem Krepppapier werden pro Kuckucks-Kind sechs lange Streifen geschnitten und jeweils drei Streifen an den Armen als Flügel befestigt.

Kuckucks-Maske

Dazu trägt jedes Kuckucks-Kind eine Maske, die wie die Uhu-Maske hergestellt wird (s. o.) und mit Braun, Grau und Beige angemalt wird.

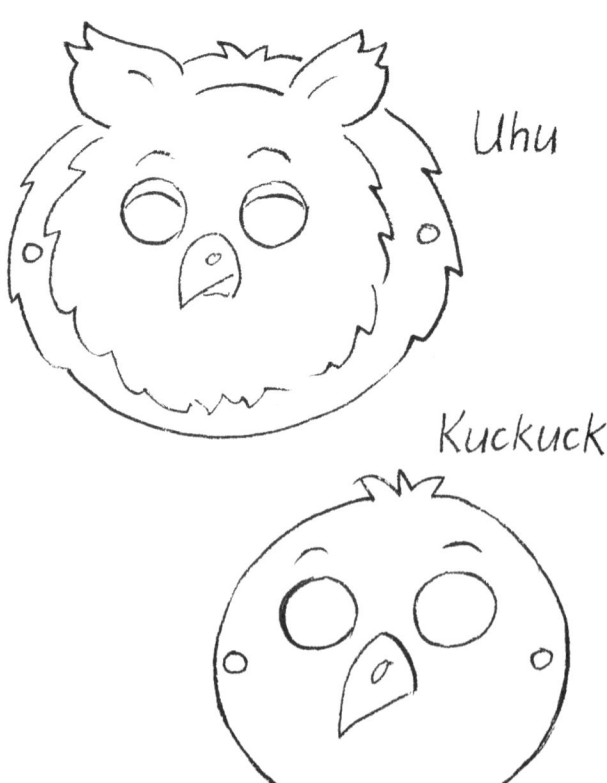

Igel

Material: braunes Langarm-Shirt, graue Hose, graues Kunstfell, Nähzeug, Theaterschminke, Haarlack

Die Igel-Kinder ziehen ein braunes Shirt und eine graue Hose an.
Die Spielleitung schneidet einen ca. 30 cm breiten Kunstfellstreifen zu, der etwas kürzer als das Shirt ist und auf den Rücken genäht wird.

Schminktipp

Jedes Igel-Kind bekommt einen dicken braunen Punkt auf die Nasenspitze. Auf die Wangen werden jede Menge braune Striche als Stacheln gezeichnet und die Augenbrauen mit brauner Farbe betont.
Vom Haaransatz ausgehend wird zusätzlich ein graues Dreieck in die Stirn gezogen, damit das typische maskenhafte Igelgesicht entsteht (→ Abb.).
Die Haare der Igel-Kinder werden nach oben toupiert und mit Haarlack zu Stacheln geformt. Kinder mit langen Haaren machen sich einen Zopf oben auf dem Kopf, den sie toupieren.

Hase & Kaninchen

Material: braune oder graue Hose, braunes oder graues Langarm-Shirt, braunes oder graues rundes Kunstfellstück (ca. 15 cm Ø), Nähzeug, brauner oder grauer DIN-A4-Tonkartonbogen, Tacker, Theaterschminke

Jedes Hasen-Kind trägt eine braune Hose mit braunem Shirt und jedes Kaninchen-Kind das gleiche in Grau.
Das Kunstfellstück näht die Spielleitung als Stummelschwanz farblich passend zur Kleidung auf Pohöhe an die Hose.
Aus dem Tonkarton wird ein ca. 4 × 60 cm langes Stirnband ausgeschnitten.
Auf den übrigen Karton werden zwei große Pappohren aufgemalt und ausgeschnitten.
Das Stirnband passt die Spielleitung dem Kopfumfang des Kindes an, tackert die Enden zusammen und schneidet die überstehenden Enden ab.
Die Pappohren werden an der Innenseite des Stirnbands auf Ohrenhöhe festgetackert.

Igel

Hase

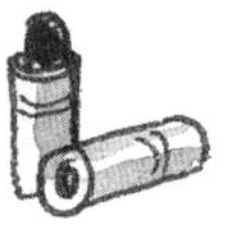

Schminktipp

Die Hasen-Kinder bekommen unterhalb der Lippe zwei lange weiße Hasenzähne geschminkt, die schwarz umrandet werden. Ausgehend von der Oberlippe wird das ganze Gesicht großflächig in Weiß geschminkt. Als Hasennase kommt ein dicker schwarzer Punkt auf die Nasenspitze. Auf beide Wangen werden lange Schnurrhaare gemalt und über die Augenbrauen je ein großer schwarzer Halbkreis.

Dekoration

Blättergirlande

Material: Blätter von Laubbäumen, Küchen- oder Handtuch, Zeitungspapier, dicke Bücher oder große Steine, Wolle

Die Kinder sammeln auf einem Waldspaziergang herabgefallene Blätter auf.
In der Einrichtung trocknen sie die feuchten Blätter mit Küchentüchern oder mit einem Handtuch.
Sie legen die Blätter zwischen Zeitungspapier und beschweren sie mit Büchern oder großen Steinen, um sie zu pressen.
Für die Girlande schneiden sie einen oder mehrere lange Wollfäden ab und verknoten diese mit den Stielen der Blätter, sodass eine oder mehrere Girlanden entstehen.

Essen & Trinken

Waldbeer-Quark

Zutaten für 5–6 Kinder: 500 g Waldbeeren
(z. B. Himbeeren, Brombeeren, Heidelbeeren),
500 g Quark, 4 EL Milch; evtl. Ahornsirup
oder Honig
Material: Kühltasche

Die Kinder waschen die Beeren und verrühren
die Milch mit dem Quark.
Sie heben die Beeren vorsichtig unter den
Quark.
Wer es etwas süßer mag, schmeckt den Quark
mit Ahornsirup oder Honig ab.
Der fertige Waldbeer-Quark wird bis zum Ver-
zehr in einer Kühltasche aufbewahrt.

Waldmeister-Powerdrink

Zutaten pro Kind: Waldmeisterbrause,
verschiedene Waldfrüchte
Material: Trinkwasser-Kanister, 1 Becher und
1 Zahnstocher pro Kind

Zur Erfrischung erhält jedes Kind im Wald eine
Waldmeisterbrause und einen Zahnstocher, auf
dem es ein paar gemeinsam gesammelte Waldfrüchte aufspießt.
Jedes Kind füllt seinen Becher mit Wasser, löst
darin die Brause auf und nimmt zum Umrüh-
ren seinen Zahnstocher, auf dem die Waldbeeren aufgespießt sind. Sie geben die nötige Power
und schmecken obendrein noch sehr gut.
Tipp: Die Spielleitung macht die Kinder darauf
aufmerksam, dass sie nur gemeinsam gesammelte Beeren essen dürfen. Kein Kind isst ohne
Erlaubnis Beeren von Sträuchern!

Das Fest beginnt

Sobald alle Kinder in der Einrichtung einge-
troffen sind, legen sie ihre vorbereiteten Tier-
kostüme an und werden geschminkt.
Währenddessen lädt die Spielleitung mit den
Eltern alle Materialien für den Festausflug (s. u.)
inkl. Dekoration, Essen und Getränken, Erste-
Hilfe-Tasche und einem Sitzkissen für jedes
Kind auf einen oder mehrere Bollerwagen.

Sind alle fertig, erklärt die Spielleitung den
Kindern und Eltern genau, wohin sie wandern
werden und wie lange das Waldfest voraus-
sichtlich dauert.

Kukuruku Rukuku 🔊 Nr. 7

Bevor es losgeht, bilden die Tier-Kinder zur Ein-stimmung draußen im Garten oder auf dem Hof einen Kreis und singen den Eltern das folgende Lied vor.

1. Heute geh'n wir mal wandern.
Heut' geh'n wir mal in den Wald.
auf der Stelle gehen
Von halb acht bis vier,
sieht man da manches Tier.
eine Hand an die Stirn halten und nach den Tieren umse-hen
Und sind wir dann ganz leise,
seh'n wir vielleicht 'ne Meise.
Zeigefinger vor den Mund halten
Die singt: „kiwit, kiwit",
und nimmt uns alle mit.
eine Hand ans Ohr halten, auf der Stelle gehen

Refrain
Und dann singt sie:
„Kukuruku-rukuku,
guck mal du da, guckste du!
Kukuruku-rukuku,
kukuk du da, guckste du!
in Polonaiseformation mit Schulterfassung im Kreis rechts herumgehen, dabei den Kopf in alle Richtungen drehen und „gucken"
Kukuruku-rukuku,
guckste hier nich, guckste da!
Kukuruku-rukuku,
guck mal hier, mal guckste da!"
Richtungswechsel: dasselbe im Kreis links herum

2. Hey, da ist ein Waschbär,
oder war's ein Naschbär?
die Waschbär-Kinder betreten den Kreis, gehen in der Mit-te herum und die anderen Kinder deuten auf sie
Kaum hab' ich den angeschaut,
hat der schon meinen Keks geklaut!
die anderen Kinder strecken den Waschbär-Kindern pan-tomimisch einen Keks entgegen und diese schnappen da-nach
Wohl, dass ich ihn nicht finde,
trägt er 'ne Augenbinde,
mit den Zeigefingern die Augen umfahren
so wie'n Gangsterschreck,
ist der ganz schnell weg!
die Waschbär-Kinder springen schnell auf ihren Aus-gangsplatz zurück

Refrain
Und dann singt er:
„Kukuruku-rukuku ..."

3. Auf 'nem großen Baumstumpf,
da sitzt ein alter Waldschlumpf,
die Uhu-Kinder betreten die Kreismitte und knien sich auf
den Boden
und zwei Uhu-Augen,
die schauen dich frech an.
alle bilden mit Zeigefinger und Daumen vor jedem Auge
einen Kreis zum Durchschauen
Doch wehe, du musst mal husten,
dann wird er sich aufplustern.
die Kinder im Kreis imitieren ein Husten, die Uhu-Kinder
stellen sich breitbeinig hin
Schleichst du dich heimlich ran,
faucht er dich böse an!
die Kinder im Kreis gehen auf Zehenspitzen auf der Stel-
le, die Uhu-Kinder zeigen ihre Krallen und gehen schnell
wieder auf ihren Ausgangsplatz zurück

Refrain
Und dann singt er:
„Kukuruku-rukuku …"

4. Oh, da fliegt ein Kuckuck,
die Kuckucks-Kinder betreten flügelschlagend die Kreis-
mitte
pass auf, gleich legt er – ruckzuck –,
alle anderen Kinder heben ihren Zeigefinger
als wäre nichts dabei,
sein großes Kuckucksei,
ein großes Ei in die Luft zeichnen
egal, ob man ihn lässt,
hinein ins fremde Nest.
jedes Kuckucks-Kind geht auf ein anderes Kind auf der
Kreisbahn zu und versteckt pantomimisch ein Ei hinter
ihm
Noch eh' man ihn entdeckt,
hat er es schnell versteckt.
die Kuckucks-Kinder gehen schnell auf ihren Ausgangs-
platz zurück

Refrain
Und dann singt er:
„Kukuruku-rukuku …"

Die Noten zu allen Liedern gibt es als kostenlosen
Download unter **www.oekotopia-verlag.de/**
prinzessin-und-piraten.html

Wo ist das Tier?

Nach diesem lustigen Spiellied-Einstieg machen sich alle Festgäste auf zu einem nahe gelegenen Waldstück. Am Waldrand angekommen, erzählt die Spielleitung den Kindern, dass sie auf dem Weg zum Waldtierfest hin und wieder Rast machen, um miteinander zu spielen und dabei die Sinne zu schärfen. Damit die Tiere im Wald jedoch nicht gestört und erschreckt werden, wurden bewusst ruhige Spiele ausgewählt.

Alle Kinder bilden einen Kreis und schließen ihre Augen. Nur eines von ihnen stellt passend zu seinem Kostüm entweder einen Waschbären, einen Uhu, einen Kuckuck, einen Igel, einen Hasen oder ein Kaninchen dar und geht möglichst leise z. B. erst im Innenkreis und dann im Slalom zwischen den anderen herum. Irgendwann bleibt es stehen und macht ein typisches Tiergeräusch: Als Waschbär, Igel oder Hase kann es ein lautes Schmatzgeräusch von sich geben, als Uhu ein lautes *„Buho!"* rufen oder als Kuckuck das altbekannte *„Kuckuck!"* Wer weiß, wo sich das Tier befindet? Alle Kinder deuten mit geschlossenen Augen in seine Richtung. Klatscht die Spielleitung in die Hände, öffnen alle zur Kontrolle ihre Augen. Danach darf ein anderes Kind das Spiel auf die gleiche Weise wiederholen.

Tiere entdecken

Und weiter geht's auf dem Weg in den Wald. An der nächsten Lichtung folgt ein Tierentdeckungsspiel.

Material: 1 Lupe pro Kind, Blättergirlande (→ S. 30), Tierbestimmungsbuch

Im Frühlingswald können die Kinder z. B. Vögel, Eichhörnchen und Igel entdecken. Zudem gibt es viele Tiere, die so klein sind, dass wir sie mit bloßem Auge kaum oder überhaupt nicht sehen können. Damit jedoch die Kinder auch die Winzlinge erleben, erhalten sie jeweils eine Lupe.

In einem überschaubaren Spielfeld, das mithilfe der Blättergirlande eingegrenzt wird, werden Kleingruppen gebildet, die sich gemeinsam mit ein oder zwei Erwachsenen auf die Suche nach den Tieren machen. Jede Gruppe schaut z. B. vorsichtig unter Steine und Blätter und hofft Saftkugler, Steinkriecher und andere Winzlinge zu entdecken. Zudem betrachten alle die Pflanzen und Bäume und beobachten, wie z. B. Ameisen und Käfer auf den Pflanzenblättern oder auf der Baumrinde herumkrabbeln. Dabei beantworten die Erwachsenen die Fragen der Kinder oder lenken ihre Wahrnehmung auf die Besonderheiten von Blüten, Blättern und Tieren.

Nach einer Weile treffen sich alle wieder im Kreis. Welche Tiere haben die Kinder entdeckt? Wo haben sie die Tiere gefunden? Wie bewegen sich diese fort? Und wer weiß, was die Tiere fressen und für was sie nützlich sind? Diese und andere Fragen können gemeinsam mit den Kindern geklärt werden.

Tipp: Die Spielleitung macht die Kinder darauf aufmerksam, mit den Tieren jederzeit achtsam umzugehen und sie sofort nach einer kurzen Betrachtung wieder unversehrt in ihren Lebensraum zurückzulassen. Vor allem die Bodentiere sollten nie direkt mit Sonnenlicht in Berührung kommen!

Vogelkonzert

Im Frühlingswald sind viele Vögel zu hören. Nach dem Tierbeobachtungsspiel gönnen die Kinder ihren Augen eine Pause und strengen die Ohren an.

Damit die Kinder den Vogelgesang bewusst wahrnehmen, schließen sie am besten sitzend im Kreis ihre Augen und lauschen. Dabei versuchen sie sich die Vogelstimmen zu merken, die ihnen am besten gefallen.

Nach ca. 2 Min. bittet die Spielleitung alle Kinder ihre Augen zu öffnen. Alle ahmen gleichzeitig eine Vogelstimme nach und geben miteinander ein Vogelkonzert, bei dem jetzt auch die Eltern, die sich um die Kinder herum stellen, mitmachen. Stellt sich die Spielleitung auf die Zehenspitzen und streckt die Arme weit nach oben, imitieren die Eltern Vogelstimmen; geht die Spielleitung in die Hocke, sind die Kinder an der Reihe, die dazu Flatterbewegungen mit den Armen machen. Steht die Spielleitung normal aufgerichtet und deutet auf alle im Kreis, ist das der Auftakt für ein großes gemeinsames Vogelkonzert.

Zum Schluss überlegen die Kinder mit der Spielleitung, welche Vögel sie kennen und wer da im Wald gepfiffen haben könnte. Vielleicht entdecken sie sogar den ein oder anderen Vogel über ihren Köpfen, wenn sie ganz leise sind?

Welches Tier fehlt?

Alle wandern ein Stück weiter durch den Wald. Sicher sind die Kinder nun schon viel aufmerksamer für die Tierwelt um sie herum. Doch plötzlich geht ein Tier aus der Kindergruppe verloren – wer weiß, welches?

Alle Kinder bilden einen Kreis. Die Spielleitung wählt ein Kind aus, das sich noch einmal aufmerksam alle Kinder im Kreis mit ihren Verkleidungen anschaut. Dann tritt es aus dem Kreis heraus zur Seite, dreht sich um und hält sich die Augen zu. Die Spielleitung deutet auf ein weiteres Kind, das sich hinter einem Baum versteckt.
Das Rate-Kind kommt in den Kreis zurück und schaut sich um. Weiß es, welches Kind fehlt und was für ein Tier es darstellt? Falls nicht, geben die übrigen Kinder ein paar Tipps, indem sie das Kind beschreiben. Kann das Rate-Kind den Tier-Namen des gesuchten Kindes nennen, kommt dieses zur Kontrolle hinter dem Baum hervor und wählt ein anderes Kind aus, das in der nächsten Runde mit Raten dran ist.

Waldtier aus Naturmaterialien

An der Waldlichtung angekommen, werden die Decken ausgebreitet, die Blätter-Girlanden (→ S. 30) aufgehängt und der Proviant aus den Rucksäcken ausgepackt. Zum Nachtisch gibt es leckeren Waldbeer-Quark und zu trinken natürlich den Waldmeister-Powerdrink (→ S. 31). Anschließend erhalten die Kinder genügend Zeit, ihre nächste Umgebung zu erkunden. Ausgerüstet mit Lupen machen sie sich auf die Suche nach weiteren Waldtieren, suchen sich ein gemütliches Plätzchen für eine kurze Ruhepause oder machen sich auf die Suche nach Naturmaterialien!

Die Kinder, die das gleiche Tier darstellen, bilden eine Gruppe und sammeln unterschiedliche Naturmaterialien, z. B. Tannenzapfen, Steine, kleine Stöcke, Moose, Blätter, Wurzeln, Federn und verschiedene Fruchtarten.
Jede Gruppe legt aus den gesammelten Materialien die Form ihres Tieres auf dem Waldboden nach. Am Ende begutachten alle gegenseitig ihre fantasievollen Waldtier-Kunstwerke.

Variante
Die Kinder legen allein, zu zweit oder mit mehreren unterschiedliche Tiere. Auch die Eltern bilden Kleingruppen oder legen für sich ein Tier. Wer weiß am Ende, was die anderen gelegt haben? Die Kinder machen ein kleines Ratespiel daraus und sind gespannt, ob auch die anderen wissen, welches Waldtier sie sich ausgesucht haben.

Pass auf den Uhu auf!

Weiter geht's mit einigen gemeinsamen Spielen im Wald.

Das Spiel verläuft so ähnlich wie das bekannte Spiel „Ochs am Berg": Ein Uhu-Kind steht mit dem Gesicht vor einem Baum. Alle übrigen Kinder stehen ein paar Meter in einer Reihe von dem Uhu-Kind entfernt und schauen es an. Während die Kinder versuchen auf Zehenspitzen in Richtung des Uhu-Kinds zu schleichen, sagt dieses: „*Wer schleicht sich da an?*"
Kaum ist der Satz beendet, dreht sich das Uhu-Kind um und alle bleiben wie versteinert stehen. Die Kinder, die sich jetzt noch bewegen, schickt das Uhu-Kind wieder auf ihren Ausgangsplatz zurück. Es dreht sich wieder um und setzt das Spiel fort. Das Kind, das am schnellsten neben dem Uhu steht und ihn abschlagen kann, gewinnt und darf das Spiel wiederholen.

Das Kuckucksei

Material: Ei aus Holz (oder Styropor, Plastik …), Augenbinde

Alle Kinder stehen in einem großen Kreis und formen mit ihren Händen eine Schale als Vogelnest. Ein Kind lässt sich in der Kreismitte die Augen verbinden und lauscht. Eines der als Kuckuck verkleideten Kinder erhält das Ei und geht auf ein Kind im Kreis zu, um das Ei in das fremde Nest zu legen. Danach stellt es sich direkt hinter dieses Kind.
Hat das Rate-Kind gehört und gespürt, in welche Richtung der Kuckuck geflogen ist und kann es ihm folgen? Das Kind geht blind mit ausgestreckten Armen in die vermutete Richtung und bleibt vor einem Kind stehen. Es tastet nach dessen Händen und überprüft, ob das Ei darin liegt. Wenn ja, darf es die Augenbinde abnehmen. Falls nicht, tastet sich das Kind im Kreis von Hände-Nest zu Hände-Nest weiter. Die anderen Kinder helfen mit, indem sie jedes Mal, wenn das Kind dem Ei etwas näher kommt, immer lauter „*Kuckuck, Kuckuck!*" rufen.
Sobald das Rate-Kind das Ei in den Händen hält, nimmt es die Augenbinde ab und übergibt sie einem anderen Kind, das nicht als Kuckuck verkleidet ist, für die nächste Runde.

Alle Rehe fliegen hoch!

Alle Kinder knien sich im Kreis auf ein mitgebrachtes Sitzkissen. Sie spielen „Alle Vögel fliegen hoch", allerdings abgewandelt auf Waldtiere: Alle trommeln mit den Handflächen auf ihre Oberschenkel. Die Spielleitung sagt z. B.: „Alle Waldmäuse fliegen hoch!" und streckt dabei die Arme in die Luft. Wer von den Kindern dazu ebenfalls die Arme hebt, muss ein Pfand abgeben.

Sagt die Spielleitung: „Alle Meisen fliegen hoch!" und streckt dabei die Arme in die Luft, muss derjenige ein Pfand abgeben, der die Arme *nicht* hebt.

Nach einigen Spielrunden lösen die Kinder ihre Pfänder wieder ein, indem sie z. B. ein Waldtier pantomimisch darstellen oder eine Tierstimme nachahmen.

Hier tanzt das Tier Nr. 8

Bevor das Fest im Wald zu Ende geht, bittet die Spielleitung alle Kinder, sich im Kreis aufzustellen. Sie fragt die Kinder, welche Tiere sie sonst noch kennen, die nicht im Wald leben. Sobald ein paar Tiere aus dem folgenden Lied aufgezählt wurden, singen alle das folgende Lied, bei dem auch die Erwachsenen im Kreis mitmachen können. Bevor es losgeht, weist die Spielleitung darauf hin, dass das Lied nicht ganz so laut gesungen wird, da sich sonst die Tiere im Wald erschrecken.

Material: 2 große Pflanzenblätter, 2 Rindenstücke, 2 Vogelfedern, kleiner dicker Stock

Die Spielleitung benennt alle Tiere, die im Lied vorkommen, und die Kinder stellen sie pantomimisch dar. Außerdem werden vier Kinder ausgesucht, die je eines der Tiere im Lied in der Kreismitte darstellen. Das Elefanten-Kind erhält die Pflanzenblätter, das Krokodil-Kind die Rindenstücke, das Vogel-Strauß-Kind die Vogelfedern und das Affen-Kind den Stock.

1. Hier kommt ein Elefant,
habt ihr ihn erkannt?
das Elefanten-Kind geht in die Kreismitte, hält sich die Blätter an die Ohren und stampft im Takt im Kreis herum, alle anderen machen einen Elefantenrüssel
Der hebt den linken Fuß
und macht den Rüsselgruß.
das Elefanten-Kind streckt den linken Fuß nach vorn, legt die Blätter auf den Boden und macht ebenfalls einen Elefantenrüssel
Jetzt wechselt er das Bein
und zieht die Ohren ein.
das Elefanten-Kind streckt den rechten Fuß nach vorn und hält sich wieder die Blätter an die Ohren mit eingezogenem Kopf, alle anderen legen die Hände über ihre Ohren
Erst trötet er herum,
dann kippt er plötzlich um und singt:
das Elefanten-Kind imitiert das Tröten und lässt sich blitzschnell auf den Boden fallen

„Schubidab, bumm,
schubidab, bumm, bumm.
Schubidab, bumm,
schubidab, bumm, bumm, bumm!"
das Elefanten-Kind steht auf und stampft mit seinen Blätter-Ohren schwingend im Takt im Kreis herum, die anderen patschen bei jedem „bumm" auf ihre Oberschenkel

2. Das hört ein Krokodil
bis hin zum fernen Nil.
das Krokodil-Kind wechselt mit dem Elefanten-Kind den Platz und bewegt die Rindenstücke wie ein Maul vor seinem Mund auf und zu
Erst fängt es an zu gähnen,
dann klappert's mit den Zähnen:
das Krokodil-Kind deutet mit dem Rinden-Maul ein Gähnen an, dann lässt es die Rindenstücke klappern, alle anderen machen die Bewegungen mit den Händen mit

„Schubidab, klapp,
schubidab, klapp, klapp.
Schubidab, klapp,
schubidab, klapp, klapp, klapp!"
das Krokodil-Kind bewegt sich mit Rinden-Maul-Bewegungen im Takt durch den Kreis, alle anderen patschen bei jedem „klapp" auf ihre Oberschenkel

Zwischenteil
Doch wer so gut tanzt,
der bleibt nicht gern allein:
Wer wird denn jetzt hier
wohl der nächste sein?
das Krokodil-Kind geht auf seinen Ausgangsplatz zurück, alle anderen heben und senken rhythmisch die Schultern
Hier tanzt das Tier!
Hier tanzt das Tier!
Hier tanzt das Tier!
alle tanzen entweder mit Elefantenrüssel oder angedeutetem Krokodilmaul frei zur Musik

„Schubidab, boing,
schubidab, boing, boing.
Schubidab, boing,
schubidab, boing, boing, boing!"
*das Vogel-Strauß-Kind „flattert" mit den Federn in
den Händen im Innenkreis herum, alle anderen
patschen bei jedem „boing" auf ihre Oberschenkel*

4. Jetzt hört mal auf zu gaffen
und macht für mich 'nen Affen.
*das Affen-Kind wechselt mit dem Vogel-Strauß-
Kind den Platz und macht mit seinem Stock Unsinn, alle anderen machen affenartige Bewegungen*
Huheha, huh,
huhehahe, huh, huh.
Huheha, huh,
huhehahe, huh, huh:
alle machen affenartige Bewegungen

„Schubidab, yeah,
schubidab, yeah, yeah.
Schubidab, yeah,
schubidab, yeah, yeah, yeah!"
*das Affen-Kind bewegt sich mit seinem Stock rhythmisch
im Kreis herum, alle anderen strecken bei jedem „yeah"
die Arme in die Luft*

Zwischenteil
Doch wer so gut tanzt,
der bleibt nicht gern allein:
Wer wird denn jetzt hier
wohl der nächste sein?
*das Affen-Kind geht wieder auf seinen Ausgangsplatz zu-
rück, alle anderen heben und senken rhythmisch die
Schultern*

3. Der Vogel, Vogel Strauß,
probiert es jetzt mal aus.
*alle Kinder deuten auf das Vogel-Strauß-Kind, das mit
den beiden Federn in den Kreis „flattert"*
Er stellt die Federn hoch
und schüttelt sich ganz wild.
*das Vogel-Strauß-Kind streckt hinter dem Kopf seine Fe-
dern hoch und schüttelt seinen Oberkörper rhythmisch
hin und her, alle anderen imitieren die Bewegungen*
Stehend auf der Stelle
läuft er nun blitzeschnelle.
alle rennen auf der Stelle
Dann steckt er seinen Kopf
in einen alten Topf und singt:
alle ahmen den Liedtext pantomimisch nach

Hier tanzt das Tier!
Hier tanzt das Tier!
Hier tanzt das Tier!

*alle tanzen entweder mit flatternden Strauß-Bewegungen
oder mit Affenbewegungen frei zur Musik*

5. Als Elefant mit Fuß,
macht ihr den Rüsselgruß.

*alle stellen sich auf ein Bein und machen einen Elefanten-
Rüssel*

Als Kroko müsst ihr gähnen
und klappert mit den Zähnen.

*alle deuten ein Krokodilmaul an, das sie im Takt auf und
ab bewegen*

Ihr seid der Vogel Strauß
und streckt die Federn aus.

alle strecken pantomimisch die Federn aus

Dann rennt ihr blitzeschnelle
dabei auf einer Stelle.

alle rennen rhythmisch auf der Stelle

Zwischenteil

Jetzt kennt ihr euch schon aus
und lasst den Affen raus!
Huheha, huh,
huhehahe, huh, huh.
Huheha, huh,
huhehahe, huh, huh!

alle machen affenartige Bewegungen

Hier tanzt das Tier!
Hier tanzt das Tier!
Hier tanzt das Tier!

alle tanzen als eines der vier Tiere frei zur Musik

Schlussteil

Ich sag nur: Elefant,
ich sag nur: Krokodil,
ich sag nur: Vogel Strauß,
lasst mal den Affen raus!

Elefant – Krokodil –
Vogel Strauß – Affen raus!
Elefant – Krokodil –
Vogel Strauß – Affen raus!
Krokodil – Elefant –
Vogel Strauß – Affen raus!

*alle machen passend zum Text immer schneller werdend
die typischen Tierbewegungen*

 Die Noten zu allen Liedern gibt es als kostenlosen
Download unter **www.oekotopia-verlag.de/
prinzessin-und-piraten.html**

Alle Tiere verabschieden sich leise 🔘 Nr. 7

Nach dem Lied gehen alle gemeinsam durch
den Wald zur Einrichtung zurück. Dort angekommen, bilden alle einen Kreis und singen
noch einmal gemeinsam das Lied „Kuckuruku
Rukuku" (➔ S. 32).

Zum Abschluss sagen alle Tier-Kinder laut:
*„Waschbär, Uhu, Kuckuck und Meise
verabschieden sich jetzt ganz leise.
Igel, Kaninchen und auch Hase
rümpfen zum Abschied ihre Nase.
Auf Wiedersehen!"*

Die Kinder winken sich gegenseitig zu, lösen
den Kreis auf und gehen zu ihren Eltern. Die
Spielleitung bedankt sich bei allen für das gelungene Fest und wünscht einen guten Nachhauseweg.

Ritterfest
Von mutigen Knappen & edlen Burgfräulein

Im Mittelalter (ca. 500–1500 n. Chr.) lebten viele tapfere und angesehene Ritter, deren Geschichten Kinder lieben. Schließlich mussten die Ritter ihrem Herrn, einem König oder Adeligen, die Treue halten und dabei so manche schwierige Aufgabe meistern.

Ein Ritterfest bietet sich hervorragend an, um als mutige Knappen und edle Burgfräulein verkleidet in die Ritterzeit einzutauchen und nicht zuletzt einem Mittelalter-Projekt eine besondere Note zu verleihen.

In diesem Kapitel lädt die Spielleitung als BurgherrIn zu einem höchst „modernen" Ritterfest ein, bei dem sich nicht nur die mutigen Knappen, sondern auch die edlen Burgfräulein als RitterInnen bei zahlreichen Aufgaben erproben. Sie zeigen stolz und selbstbewusst, was in ihnen steckt und was sie während ihrer Ausbildungszeit gelernt haben. Am Ende des Festes erfolgt der RitterInnenschlag – natürlich mit feierlicher Urkundenverleihung!

Wappen-Einladung

Material: 1 DIN-A4-Pappkarton pro Kind, Bleistifte, 2 DIN-A4-Tonkartonbögen in Blau, Rot, Schwarz, Grün oder Gold pro Kind, Plakatfarben, Pinsel, Klebstoff, Tonpapier, Tacker, Klebeband

Die Spielleitung zeichnet für jedes Kind auf den Pappkarton den Umriss eines wappenförmigen Schilds (➜ Abb.) und schneidet sie aus.

Alle suchen sich zwei gleichfarbige Tonkartonbögen aus, legen ihren Schild als Vorlage darauf und zeichnen den Umriss auf beiden nach.

Auf dem einen Bogen entwirft jedes Kind sein eigenes mittelalterliches Fantasie-Wappen, indem es z. B. ein Kreuz, einen Löwen, eine Schlange, eine Burg, eine Krone o. Ä. aufmalt. Die Spielleitung achtet darauf, dass alle Motive unterschiedlich sind, sodass jedes Kind ein persönliches, wiedererkennbares Wappen erhält.

Sind die Wappen getrocknet, schneiden die Kinder das Motiv aus und kleben es auf ihren Schild.

Aus dem Tonpapier schneiden die Kinder einen ca. 3 × 10 cm großen Streifen als Griff aus, dessen Enden sie hinten am Schild ganz oben antackern.

Der Umriss auf dem zweiten Tonkartonbogen wird ebenfalls ausgeschnitten und der obere Rand etwas abgeschnitten, damit er nicht beim Aufkleben auf den Schild mit dem Schildgriff kollidiert.

Das Einladungsschreiben (s. u.) wird auf diese leere Wappenform übertragen und das Ganze mit Klebeband so auf die Schildrückseite geklebt, dass es sich später wieder ablösen lässt.

Zum Ritterfest lädt die Burgherrin ein, so will's die Sitte, so soll es sein! Drum kommt ihr Leut' zum Ritterfest und seid alle heut' uns're lieben Gäst'! Ritterschlag und Reiten im Garten können Groß und Klein kaum noch erwarten! Zu spielen gibt es viele Sachen, wir wollen auch grillen und viel lachen! Das Ritterfest findet statt am 14. Juni von 15 bis 18 Uhr. Auf Euer kommen freut sich die Burgherrin Sybille Meyer P.S. Bitte die Einladung vom Schild entfernen und den Schild zum Ritterfest mitbringen.

Kostüme & Schminktipps

Knappe

Die Knappen besitzen noch keine Ritterrüstung. Sie müssen erst einige Prüfungen bestehen, bevor sie zum Ritter geschlagen werden und ein Rittergewand erhalten.

Material: altes weißes oder graues Erwachsenen-(Kapuzen-)Shirt, Stoffmalfarbe, braune oder graue (Strumpf-)Hose, alte Kordel, Theaterschminke

Die Kinder übertragen ihr persönliches Wappen (➜ S. 42) auf das Shirt und malen es aus. Sie drehen das getrocknete Shirt auf links, ziehen es an und tragen dazu eine braune oder graue (Strumpf-)Hose. Da sie als Knappen noch keinerlei Recht auf einen eigenen Wappenrock haben, müssen sie erst einige Prüfungen bestehen, bevor sie das Shirt richtig herum tragen dürfen!
Um den Bauch binden sie eine alte Kordel als Gürtel, sodass sie später ihr Schwert daran befestigen können.

Schminktipp
Der Knappe bekommt jede Menge Bartstoppeln aufgemalt.

Burgfräulein

Material: bunte Baumwoll- oder Chiffon-Tücher, weiße (Strumpf-)Hose, Bluse, goldener oder silberner Tonkartonbogen (50 × 70 cm), Tacker, Vorhangstoff oder Krepppapier, Gummiband; evtl. 3 verschiedenfarbige Krepppapierstreifen (ca. 6 × 120 cm), Buntstifte, weißer DIN-A5-Tonkarton, Klebstoff, Theaterschminke

Grundkostüm
Als Rock eignen sich bunte Tücher, die farblich zueinander passen. Sie werden um die Taille herum als Rock miteinander verknotet. Dazu tragen die Burgfräulein eine weiße (Strumpf-)Hose und eine schöne Bluse.

Kegelhaube Hennin
Für die Kopftracht wird ein Tonkarton zu einer spitzen Tüte gedreht, sodass die untere Öffnung auf den Kopf des Kindes passt. Die überlappenden Enden werden unten an der Öffnung zusammengetackert.
Von dem Vorhangstoff oder aus Krepppapier wird ein ca. 10 × 80 cm langer Streifen abgeschnitten und als Schleier an die Tütenspitze getackert.
Die Haube wird mit Gummiband, das am Tütenrand befestigt wird, unter dem Hals gesichert.

Variante

Statt der Kegelhaube können die Burgfräulein auch ein Blumenkränzchen tragen.

Dazu werden die Krepppapierstreifen der Länge nach zur Hälfte zusammengefaltet.

Alle drei Streifen werden aufeinander gelegt und an einem Ende zusammengetackert, sodass sich daraus ein lockerer Zopf flechten lässt. Ist der Zopf so lang, dass er sich als Ring auf den Kopf legen lässt, werden die Enden wieder zusammengetackert und das überschüssige Krepppapier wird abgeschnitten.

Die Kinder malen auf den Tonkarton kleine Blüten, schneiden sie aus und kleben sie als Verzierung auf den Kranz.

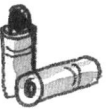

Schminktipp

Jedem Burgfräulein werden die Lippen rosa geschminkt und die Augenlider pastellfarben bemalt.

RitterIn

Material: Knappen-Kostüm (s. o.), heller Stoff (ca. 1 × 1,30 m), Kordel, Nähzeug, Stoffmalfarben, Leintuch, einfaches weißes Baumwoll-Cappy, silberne Stoffmalfarbe oder Silberspray, Lurexstoff oder Jute, silbernes Tonpapier, Tacker, Klebstoff, Hartpappe, Theaterschminke

Grundkostüm

Aus Knappen werden Ritter: Die Knappen ziehen zur grauen Hose ihr T-Shirt richtig herum an. Dazu erhalten sie einen hellen Umhang (Anleitung ➜ S. 14 „Pferde"). Jedes Kind malt darauf sein persönliches Wappen (➜ „Wappen-Einladung" S. 42).

Die Spielleitung fertigt für sich als BurgherrIn ebenfalls einen Umhang aus einem größeren Leintuch an, auf das sie ihr eigenes Wappen malt.

Ritterhelm

Das Sonnenschutzschild wird von dem Cappy abgetrennt und der entstandene Helm mit silberner Farbe bemalt oder angesprüht.

Die Spielleitung näht einen ca. 10 × 20 cm großen Streifen Lurexstoff oder Jute als Nackenschutz an den Helmansatz (➜ Abb.).

Sie schneidet aus dem silbernen Tonpapier einen ca. 3 cm breiten Streifen aus.

Ein Ritter-Kind setzt den Helm auf, sodass die Spielleitung den Streifen auf die Länge der Nase als Naseneisen anpassen, direkt über der Nase am Helm festtackern und die überschüssige Länge abschneiden kann.

Schwert

Die Spielleitung überträgt die Vorlage auf dieser Seite auf DIN-A3 vergrößert auf eine Pappe, die sie ausschneidet und den Kindern als Schablone gibt.

Jedes Kind zeichnet sein Schwert auf und schneidet es aus. Es klemmt sein Schwert hinter seinen Kordel-Gürtel, sodass es beide Hände zum Spielen frei hat.

Variante

Die Ritter-Kinder basteln eine Lanze aus Pappe, die 1 m lang ist. Als Griff wird ein Halbkreis mit ca. 20 cm Ø aufgezeichnet und ausgeschnitten, der genau wie der Schwertgriff an der Lanze angebracht wird. Dabei ist der Halbkreis nach unten geöffnet.

Schminktipp

Die RitterInnen bekommen ihr persönliches Wappen auf die Wangen gemalt, z. B. zwei Kreuze oder Kronen.

Steckenpferd

Material: DIN-A2-Tonkartonbogen, 2 große selbstklebende Wackelaugen, Leim, Wachsmalstifte und Wolle in Weiß, Schwarz und Braun, Pinsel, gerader Ast oder Rundholz (ca. 1 m lang), Tacker, Locher

Die Spielleitung faltet den Tonkartonbogen einmal in der Mitte und überträgt den Pferdekopf von dieser Seite vergrößert so auf den Tonkarton, dass der Hals genau bis an die Falz reicht.

Sie schneidet den Pferdekopf entlang der Umrisslinie aus, sodass ein doppelter Pferdekopf entsteht, der am Hals verbunden ist.

Die Kinder kleben auf beide Seiten des Kopfes jeweils ein Wackelauge und malen das Pferdegesicht auf jeder Seite mitsamt der Pferdemähne aus.

Sie klappen den Pferdekopf auseinander und bestreichen beide Innenseiten mit Leim. Sie legen den Stab an der Knickstelle zwischen den Kopfseiten an, sodass er oben nicht herausragt, klappen den Pferdekopf wieder zu und drücken die geleimten Seiten aufeinander.

Zusätzlich werden die offenen Seiten aneinandergetackert und entlang des Pferdenackens mit einem Locher ca. 25 Löcher gemacht, durch die je zwei bis drei Wollfäden als Mähne gezogen und fest verknotet werden.

Dekoration

Ritterburg-Kulisse

Material: 1 großes Leintuch, Stoffmalfarbe, Bilder von Burgen aus Kinder-Sachbüchern oder dem Internet, Schnüre

Die Kinder malen auf ein großes Leintuch eine Ritterburg mit einem großen Tor, Türmen und vieles mehr. Als Vorlage schauen sie sich Bücher oder Bilder an, z. B. aus dem Internet.
Die Burg-Kulisse wird an den oberen Ecken mit einer Schnur festgebunden und im Außenbereich z. B. zwischen zwei Bäumen aufgehängt.

Wappen-Girlanden

Material: mehrere weiße DIN-A4-Tonkartonbögen pro Kind, Wachsmalstifte, Wäscheseil o. Ä., Wäscheklammern

Die Kinder zeichnen jeweils auf mehrere der Tonkartonbögen ihre persönlichen Wappen (→ S. 42) und schneiden alle aus.
Gemeinsam mit der Spielleitung spannen sie draußen vor der Ritterburg-Kulisse ein Wäscheseil mehrfach quer hin und her und hängen daran mithilfe von Wäscheklammern ihre Wappen auf, sodass bunte Girlanden entstehen.

Drachen für den Drachentanz

Material: großer quadratischer Tonkarton-bogen (50 cm), Klebstoff, 2 große Wackel-augen, Wachsmalstifte, verschiedenfarbige lange Krepppapierstreifen, Tacker

Der Tonkarton wird diagonal gefaltet und wie-der geöffnet.

Die beiden Ecken rechts und links der Diago-nalen werden so entlang der Diagonalen gefal-tet, dass ein Drachen entsteht (➜ Abb.) und beide Seiten aufeinander geklebt.

Der Drachen wird umgedreht und die Wackel-augen aufgeklebt. Dazu malen die Kinder Mund und Nase.

Als Drachenschwanz werden ein paar lange Krepppapierstreifen angetackert.

Ritterurkunde

Material: 1 Pergamentblatt (DIN A5) pro Kind, Füller mit schwarzer Tinte; evtl. Ritter-Stempel (Bastelshop)

Die Spielleitung bereitet für jedes Kind entspre-chend der Abbildung eine feierliche Urkunde vor.

Ihre Unterschrift kann sie durch einen Ritter-stempel ergänzen, der vor allem jüngeren Kin-dern gefällt, die noch nicht lesen können.

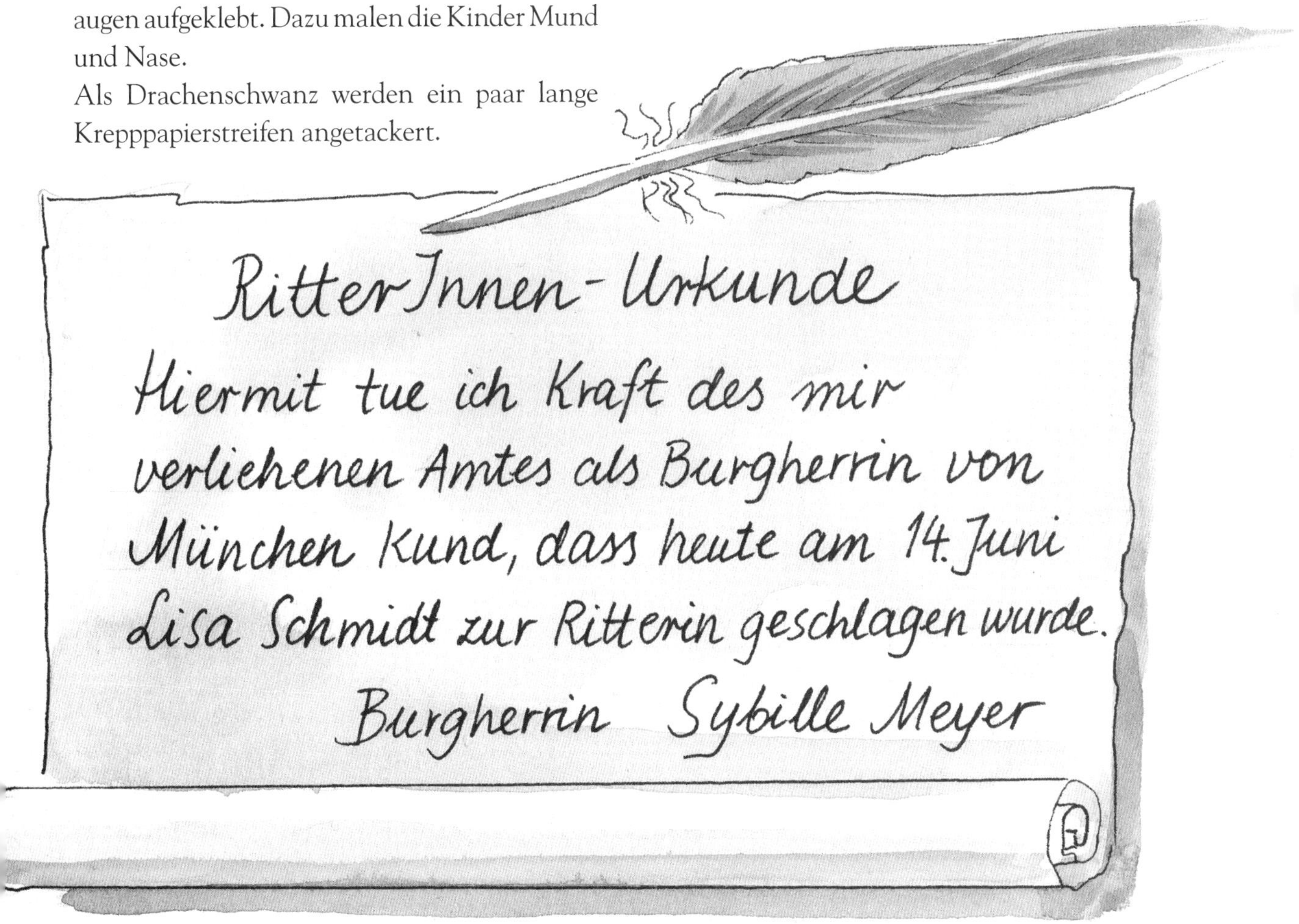

RitterInnen-Urkunde

Hiermit tue ich Kraft des mir verliehenen Amtes als Burgherrin von München Kund, dass heute am 14. Juni Lisa Schmidt zur Ritterin geschlagen wurde.

Burgherrin   Sybille Meyer

Essen & Trinken

Stockbrot

Zutaten für 10–12 Kinder: 1 kg Weizenmehl, 2 Prisen Salz, 1 Würfel Hefe, 1 Tasse lauwarme Milch oder Wasser, 100 g Zucker; evtl. 3–4 TL frisch gehackte oder getrocknete Kräuter (Thymian, Basilikum …)
Material: 1 langer Stock ohne Rinde pro Kind, Servietten

Die Kinder vermengen Mehl und Salz in einer großen Schüssel.
Sie formen eine kleine Mulde, bröseln die Hefe hinein und fügen die restlichen Zutaten hinzu. Sie kneten alles mit den Händen durch, sodass sich der Teig gut von den Fingern lösen lässt.
Nach ca. 30 Min. Gehzeit formt jedes Kind einen ca. 1 cm dicken Teigstrang, den es spiralförmig um das eine Ende seines Stocks wickelt. Die Rollen dürfen nicht zu dick sein, da sonst das Brot innen roh bleibt.
Nun können die Kinder unter ständigem Drehen des Stocks am Lagerfeuer, aber auch über der Glut beim Grillen, ihr Stockbrot zubereiten.

Tipps:

❋ Zu einem rustikalen Ritterschmaus passen ansonsten gegrillte (Soja-)Steaks und (Tofu-)Würstchen, verschiedene Salate und Obst.

❋ Echte Ritter essen übrigens nicht nur das Stockbrot mit den Fingern, sondern auch die Würstchen und möglichst vieles andere! Ein Stapel Servietten am Grillplatz hilft fürs Erste bei Schmierfingern.

Stärkungsgetränk

Ritter tranken Wasser und besonders gerne Bier und Wein – hier als Saftvariante am besten in Keramik- und Steingutkrügen serviert!

Zutaten: naturtrüber Apfelsaft, Traubensaft, Mineralwasser
Material: Keramik- und Steingutkrüge, dunkle Keramik- oder Steingutbecher (möglichst ohne Henkel)

Die RitterInnen lassen sich ihre Humpen mit „Apfelbier", „Trauben-Wein" oder schlicht mit Mineralwasser aus den Krügen füllen. Sie stoßen miteinander an und prosten sich laut zu!

Das Fest beginnt

Das Ritterfest findet im Freien, z. B. im Außengelände der Einrichtung statt. Bei schlechtem Wetter lassen sich die Aktivitäten leicht abgewandelt aber auch im Bewegungsraum umsetzen. Sobald alle Gäste eingetroffen sind, verkleiden sich die Kinder als mutige Knappen oder edle Burgfräulein.

Danach stellt sich die Spielleitung vor die Burg-Kulisse und begrüßt als BurgherrIn die Knappen, Burgfräulein und die übrigen adligen Gäste.

♫ Dri-Dra-Drachentanz ◉ Nr. 4

Die Spielleitung erzählt dem Publikum, dass später alle mutigen Knappen und Burgfräulein einen Drachenschatz finden müssen. Das folgende Lied macht bewusst, dass diese Aufgabe selbst für erfahrene RitterInnen nicht leicht zu bewältigen ist! Dafür erhält ein Kind einen Papierdrachen (➜ S. 49) und zwei andere Kinder verkleiden sich als RitterInnen (➜ S. 45). Dazu erhalten sie zusätzlich jeweils ein Kettenhemd.

Material: 2 silberne Krepppapiere (ca. 1 × 0,50 cm), Kordel

Für das Kettenhemd wird das Krepppapier in der Mitte gefaltet und an der Faltkante eine Öffnung für den Kopf geschnitten. Das Hemd wird über das Shirt gezogen und eine Kordel umgebunden. Darüber kann der Umhang getragen werden.

1. Es war einmal im Bayernland
ein armer Rittersmann.
Der hatte eine Rüstung
aus altem Eisen an.
das erste Ritter-Kind geht in die Kreismitte und präsentiert seine Rüstung, alle anderen klatschen im Takt
Er sprach zu sich: „I woaß genau,
i brauch a g'scheite Frau,
die welche mir meine Rüstung putzt
und mir beim Rittern nutzt!"
das Ritter-Kind geht auf ein Burgfräulein zu, dreht sich einmal mit ihr im Kreis und geht zurück in die Mitte

2. So sprach er g'scheid und war bereit,
den Drachenschatz zu holen.
„Geh, Drachen-Fuzzi, i misch di auf,
i werd di gleich versohlen."
das Ritter-Kind macht Drohgebärden
Kaum ist er in die Höhle gekracht,
da hört man, wie der Drache lacht:
„Ich werd' dich gleich verkohlen,
bei mir wird nix gestohlen!"
das Drachen-Kind kommt in die Mitte und lässt seinen
Drachen wild durch die Luft tanzen, das Ritter-Kind lässt
sich auf den Boden fallen

Refrain
Dri-Dra-Drachentanz,
erst mit dem Kopf, dann mit dem Schwanz.
Ich stampfe hin, ich stampfe her,
dreh' mich um und spring' herum.
alle deuten auf Kopf und Po, machen einen Schritt nach
links, dann nach rechts, drehen sich herum und springen
in die Luft; das Drachen-Kind lässt den Drachen tanzen,
das Ritter-Kind flüchtet auf die Kreisbahn
Dri-Dra-Drachentanz,
erst mit dem Kopf, dann mit dem Schwanz.
Ich wirbel in der Luft herum
und sing' dazu: „Rum-bumm-dideldum!"
Ich bin ein Ungeheuer
und spucke auf euch Feuer!
alle deuten auf Kopf und Po und drehen sich herum; das
Drachen-Kind lässt den Drachen tanzen, streckt ihn dann
ruckartig nach vorn, übergibt ihn einem anderen Kind
und geht zurück auf die Kreisbahn

3. Es war einmal im Bayernland
ein armer Rittersmann.
Der saß verklemmt und eingeengt
in seinem Kettenhemd.
das zweite Ritter-Kind geht in die Mitte, kniet sich auf den
Boden und deutet auf sein Shirt
Er sprach zu sich: „I woaß genau,
i brauch a jetzt oan Knappen.
Der wer mich wohl vorm Drachen schutzt
und mir beim Rittern nutzt.
das Ritter-Kind deutet auf sich selbst; ein Knappen-Kind
tritt zu ihm und alle anderen klatschen im Takt auf die
Oberschenkel

4. So sprach er g'scheid und war bereit,
den Drachenschatz zu teilen.
„Geh, Knappe, kumm, du gehst voran,
wir müssen uns beeilen!"
das neue Drachen-Kind kommt in die Mitte und geht im
Kreis herum, Knappen- und Ritter-Kind folgen ihm mit Ab-
stand
Kaum sind sie in die Höhle gekracht,
da hört man wie der Drache lacht:
„Ich werd' euch gleich verkohlen,
bei mir wird nix gestohlen!"
das Drachen-Kind dreht sich plötzlich herum und lässt
den Drachen wild tanzen, Ritter- und Knappen-Kind las-
sen sich auf den Boden fallen

Refrain (2 x)
Dri-Dra-Drachentanz …

 Die Noten zu allen Liedern gibt es als kostenlosen
Download unter **www.oekotopia-verlag.de/**
prinzessin-und-piraten.html

Auf den Sack zielen

Nach dem Lied-Einstieg folgt die RitterInnenprüfung, der sich alle Knappen und Burgfräulein unterziehen müssen, wenn sie RitterInnen werden wollen. In sieben Aufgaben werden Geschicklichkeit, der Umgang mit Schwert und Lanze, Reiten auf einem Pferd und vieles mehr geprüft. Los geht es hier mit Werfen und Zielen.

Material: leerer Kartoffelsack, Stroh, reißfeste Schnur, mehrere kleine Lederbälle, brauner Schminkstift

Der Kartoffelsack wird mit Stroh gefüllt, zugebunden und auf Augenhöhe der Kinder z. B. an einem Ast aufgehängt.
Alle Knappen und Burgfräulein stellen sich ca. 3 m vom Sack entfernt auf und werfen mit den Lederbällen darauf. Sobald ein Kind trifft, bekommt es einen braunen Punkt auf den rechten Unterarm gemalt.
Tipp: Ältere Kinder stehen weiter vom Sack entfernt und müssen ihn dreimal treffen, um einen Punkt zu bekommen.

Die Kunst des Reitens

Material: Seile oder Kreide; 3 Steckenpferde, schwarzer Schminkstift; evtl. Stoppuhr

Die Spielleitung markiert mit Seilen oder Kreide einen viereckigen Turnierplatz.
Drei Kinder erhalten je ein Steckenpferd, um damit bei den folgenden Aufgaben ihre Reitkünste zu zeigen:

* eine Runde hintereinander im Kreis reiten,
* auf einer Begrenzungslinie des Turnierplatzes vorwärts reiten,
* die zweite Linie rückwärts reiten,
* die dritte Linie seitwärts reiten,
* die vierte Linie vorwärts im Galopp reiten.

Alle Knappen und Burgfräulein, deren Reitkünste für gut befunden werden, bekommen einen schwarzen Punkt auf den rechten Unterarm gemalt.
Tipp: Ältere Kinder müssen ein Zeitlimit erfüllen.

Drachenschatz finden

Material: Edel- und Kieselsteine, große Plastikwanne mit Sand, 1–3 Augenbinden, silberner Schminkstift

Vorbereitung

Die Spielleitung vergräbt die Edel- und Kieselsteine so in der Sandwanne, dass sich in einer Hälfte für jüngere Kinder viele Edelsteine und wenig Kieselsteine befinden und in der anderen Hälfte für ältere Kinder wenig Edelsteine und viele Kieselsteine.

Spielablauf

Bis zu drei Kinder lassen sich gleichzeitig die Augen verbinden und graben mit den Händen nach einem glatten Edelstein. Wer glaubt, einen Edelstein in den Händen zu halten, nimmt die Augenbinde ab und schaut nach. Stimmt die Vermutung, bekommt es einen silbernen Punkt auf seinen rechten Unterarm gemalt. Hat es jedoch einen Kieselstein erwischt, darf es zu einem späteren Zeitpunkt sein Glück noch einmal versuchen.

Tipp: Sind genügend Edelsteine vorhanden, ist es schön, wenn jedes Kind seinen Stein behalten darf und die Spielleitung dafür einen neuen Edelstein vergräbt. Ansonsten kommt der gefundene Edelstein wieder zurück in die Sandkiste.

Heusack-Stechen

Material: Jutesäckchen, Heu, Kordel, Pappschwert (➜ S. 46), Steckenpferd (➜ S. 47), grüner Schminkstift

Das Säckchen wird mit Heu gefüllt, mit einer Kordel zugebunden und auf Augenhöhe der Kinder an einen Ast gehängt.

Ein Knappe oder ein Burgfräulein steigt ca. 5 m vom Säckchen entfernt auf sein Steckenpferd und reitet los, in der einen Hand das Schwert, in der anderen das Steckenpferd. Schafft es das Kind, das Säckchen mit der Schwertklinge im Vorbeireiten zu treffen? Wenn nicht, nimmt es Anlauf für eine neue Runde, wenn doch, reitet es zurück, übergibt Pferd und Schwert dem nächsten Knappen oder Burgfräulein und lässt sich von der Spielleitung einen grünen Punkt auf den rechten Unterarm malen.

Tipp: Ältere Kinder lassen sich von einem Elternteil Huckepack nehmen und das Säckchen wird höher gehängt. Schaffen sie es, vom „galoppierenden Pferd" aus das Säckchen mit dem Schwert zu treffen?

Sackhüpfen

Material: Seile, leerer Kartoffelsack, blauer Schminkstift

Die Spielleitung legt im Außengelände aus den Seilen einen kleinen Slalom-Parcours um Bäume, Büsche, die Schaukel o. Ä. herum.

Ein Kind steigt mit beiden Beinen in den Sack, hält ihn oben fest und folgt hüpfend dem Seilparcours bis zum Ende. Ist es dort ohne umzukippen angelangt, erhält es einen blauen Punkt auf den Arm. Ansonsten hüpft es eine weitere Runde.

Tipp: Ältere Kinder hüpfen rückwärts!

Lanzenstechen

Material: Gymnastikreifen, dünnes Nähgarn, Lanze (➜ S. 46 „Variante"), Steckenpferd (➜ S. 47), roter Schminkstift; evtl. Jonglier-Ring

Die Spielleitung hängt den Reifen lose an einem dünnen Faden mit einem Abstand von ca. 1 m zueinander auf Augenhöhe der Kinder an einem Baum auf.

Die Kinder stellen sich ca. 5 m entfernt auf. Mit Steckenpferd und Lanze reiten sie nacheinander angefeuert von den anderen Kindern möglichst schnell auf den Gymnastikreifen zu. Während des Laufens zielen die Kinder mit ihrer Lanze auf den Reifen, sodass dieser beim Durchstechen mit einem kurzen Ruck leicht aufgespießt werden kann. Wer das schafft, bekommt einen roten Punkt auf den rechten Unterarm gemalt.

Variante für ältere Kinder

Die Spielleitung hängt statt des Reifens einen Jonglier-Ring auf. Wer trifft die kleine Öffnung mit seiner Lanze?

Die Burg erobern

Material: Strickleiter, Kletterseil, Glöckchen, Schnur, goldener Schminkstift

Vorbereitung

Vor der Ritterburg-Kulisse (➜ S. 48) werden an jeweils einem stabilen Ast für jüngere Kinder eine Strickleiter, für ältere Kinder ein Kletterseil und dazwischen in Reichweite mit einer Schnur ein Glöckchen angebracht.

Spielablauf

Die Knappen und Burgfräulein klettern nacheinander die Strickleiter hoch oder hangeln sich am Seil nach oben, um die Burg zu erobern. Als Signal für eine gelungene Eroberung klingeln sie oben angekommen mit dem Glöckchen.

Sie klettern wieder herunter und bekommen einen goldenen Punkt auf den Arm gemalt.

Der RitterInnenschlag

*Konnten die Knappen und Burgfräulein alle sie-
ben Aufgaben erfolgreich meistern, erfolgt der RitterInnenschlag. Die Knappen drehen ihr T-Shirt
herum, sodass ihr persönliches Wappen zu sehen
ist, und verwandeln sich mit Ritterumhang, Helm
und Schild (➜ S. 42) in echte Ritter. Die Burgfräulein erhalten ebenfalls einen Ritterinnenum-
hang, ihren Schild, Schwert und Lanze und tauschen ihre Kopfbedeckung gegen einen Helm. Die
helle Hose, Bluse und der Tücherrock tun der Tat-
kraft der modernen Ritterin keinen Abbruch, sondern bieten eine fantasievolle weibliche Ausgestal-
tungsmöglichkeit der männlichen Ritterrolle.*

Material: großes rotes (oder dunkelblaues
Samt-)Kissen, Pappschwert (➜ S. 46)

Die Knappen und Burgfräulein stehen in ihren
RitterInnen-Kostümen mit ihrem Helm unter
dem Arm in einer Reihe vor der Spielleitung als
BurgherrIn und treten einzeln hervor. Sie kni-
en sich nacheinander auf das Kissen, zeigen alle sieben Farbpunkte auf ihrem Arm vor und
leisten einen spielerischen Eid, z. B.:

* *Ich kämpfe nur mit ebenbürtigen Gegnern und
  Gegnerinnen.*
* *Ich kämpfe nach klaren Regeln.*
* *Ich bleibe immer fair.*
* *Ich bin hilfsbreit und höflich.*
* *Ich setze Mut, Kraft und Geschicklichkeit zum
  Wohl anderer Menschen ein.*

Danach erfolgt der Ritterschlag, bei dem die
Spielleitung mit der flachen Klinge ihres Papp-
schwerts erst die rechte, dann die linke Schulter und schließlich den Kopf berührt. Zum
Schluss sagt sie laut: „Möge er sich erheben als
Ritter Murat von München." oder: „Möge sie sich
erheben als Ritterin Lisa vom Prenzlauer Berg."
Die frischgebackenen RitterInnen setzen feierlich ihren Helm auf und werden von ihren stol-
zen Eltern beglückwünscht.

🎵 Das Lied vom Ritter Kunibert 💿 Nr. 3

Bevor es zur feierlichen Urkunden-Verleihung kommt, singen die Kinder mit ihren Eltern gemeinsam das Lied vom Ritter Kunibert.

Material: 2 (Wander-)Stöcke, Papierdrachen (➔ S. 49), 1 Rhythmusinstrument pro Elternteil (z. B. Schellenkranz, Klangstäbe etc.)

Die Spielleitung bittet alle frischgebackenen RitterInnen einen Kreis zu bilden. Die Eltern stellen sich hinter ihren Kindern im Kreis auf und erhalten jeweils ein Rhythmusinstrument. Ein Kind verkleidet sich noch einmal als Burgfräulein und drei weitere Kinder als Knappen. Sie erhalten entweder einen der beiden Wanderstöcke oder den Papierdrachen.

1. Es war einmal im Burgenland,
ein Ritter dort am Wegesrand.
Da kam ein schlauer Wandersmann
und fing mit ihm zu handeln an.
ein Ritter-Kind reitet auf seinem Pferd mit Schwert, Lanze und Schild in die Mitte, ihm entgegen kommt ein Wandersmann-Kind mit Stock, das pantomimisch mit ihm handelt
 „Liebster Ritter Kunibert,
schau doch mal, dein gold'nes Schwert,
das ist doch heute nichts mehr wert,
du kriegst dafür 'nen Herd."
das Wandersmann-Kind greift nach dem Schwert, das Ritter-Kind hält es fest

Refrain 1
Rang-dickie-dang-dang,
tschock, tschock, tschock!
Komm, schlag ein,
Geschäft ist topp!
Rang-dickie-dang-dang,
tschock, tschock, tschock!
Schrie der Ritter:
„Hab' kein'n Bock!"
jedes Kind im Kreis streckt sein Schwert zu seinem linken Nachbarn, der es mit der rechten Hand an der Klinge festhält, sodass ein geschlossener Kreis entsteht, in dem die Kinder die Schwerter rhythmisch abwechselnd nach rechts und links ziehen; Ritter- und Wandersmann-Kind ziehen das Schwert wie eine Säge zwischen sich hin und her; bei „Hab' kein'n Bock!" entreißt das Ritter- dem Wandersmann-Kind das Schwert und dieses geht zu seinem Platz zurück; die Eltern begleiten den ganzen Refrain mit ihren Instrumenten

2. Es war einmal im Burgenland,
ein Ritter dort am Wegesrand.
Da kam ein schlauer Wandersmann
und fing mit ihm zu handeln an.
das zweite Wandersmann-Kind geht auf das Ritter-Kind zu und handelt pantomimisch mit ihm
 „Schau, du stolzer Rittersmann,
was fängst du mit der Rüstung an?
Warum im Kampf sich messen?
Du kriegst dafür mein Essen."
die beiden Kinder rangeln rhythmisch-spielerisch um den Umhang

Refrain 1

Rang-dickie-dang-dang …

s. o.; Ritter- und Wandersmann-Kind kämpfen um den
Umhang, bis das Wandersmann-Kind kapituliert

Refrain 2

Denn jeder Ritter hat ein Schwert,

Rüstung, Schild und Lanzen.

Nur ein Ritter Habenichts

trennt sich von dem Ganzen.

alle im Kreis strecken Daumen, Zeige-, Mittel- und Ring-
finger aus und ziehen die Hand ruckartig hinter den Rü-
cken; das Ritter-Kind zeigt passend zum Text auf seine
Ausrüstung

Jeder stolze Rittersmann

ist von altem Adel.

Kämpft mit Drachen um viel Ehr',

ohne Furcht und Tadel.

das Drachen-Kind tritt in den Kreis und lässt den Drachen
tanzen, das Ritter-Kind droht dem Drachen mit seinem
Schwert, bis das Drachen-Kind wieder zurückgeht

3. Es traf einmal im Burgenland

ein Ritter dort am Wegesrand

das Burgfräulein Brunhilde,

die führte was im Schilde.

das Burgfräulein kommt in die Mitte und stellt sich vor
das Ritter-Kind

„Lieber Ritter Kunibert,

ach, leih mir doch dein schönes Pferd,

das ist doch viel zu alt und wund.

Du kriegst dafür 'nen Hund."

die beiden Kinder rangeln rhythmisch-spielerisch um das
Pferd

Refrain 1

Rang-dickie-dang-dang …

s. o.; Ritter-Kind und Burgfräulein kämpfen um das Pferd,
bis das Burgfräulein kapituliert; das Ritter-Kind bleibt als
Sieger zurück

 Die Noten zu allen Liedern gibt es als kostenlosen
Download unter **www.oekotopia-verlag.de/**
prinzessin-und-piraten.html

Urkundenverleihung

Zum Abschluss wird den RitterInnen noch eine
Urkunde verliehen als Bestätigung, dass sie nun
ehrbare RitterInnen sind und als solche auch ihre
Pflichten zu erfüllen haben.

Material: Urkunden (→ S. 49), 1 Rhythmusinstrument pro Elternteil (z. B. Schellenkranz,
Klangstäbe etc.)

Die Spielleitung steht als BurgherrIn mit den
Urkunden in der Kreismitte und die Eltern mit
den Instrumenten im Außenkreis um die Kinder herum. Die Spielleitung ruft die Kinder
nacheinander auf. Jedes Kind, das seinen Namen hört, geht in die Mitte und erhält die Urkunde feierlich überreicht. Dazu lassen die Eltern jedes Mal kurz ihre Instrumente laut
erklingen.

Anschließend wird miteinander gegessen und
getrunken. Die Kinder haben nun Zeit, um frei
miteinander zu spielen, bis sich das Fest nach
und nach auflöst und alle müden RitterInnen
nach Hause müssen.

Hexenfest

Mit Zauberspruch & Krötenschleim zur Hexenprüfung

Hexen üben auf Kinder eine große Faszination aus, da sie übernatürliche Kräfte besitzen, angeblich alles herbeizaubern und sich sogar in Tiere verwandeln können. Sie tauchen in Märchen, Sagen und Mythen auf, können Flüche aussprechen, einen Zaubertrank mixen, Zaubersprüche aufsagen und natürlich auf ihrem Hexenbesen davonfliegen. Es gibt jedoch nicht nur böse Hexen, wie z. B. im Märchen „Hänsel und Gretel" der Gebrüder Grimm, sondern auch gute Hexen wie „Die kleine Hexe" von Otfried Preußler.

Dieses Kapitel widmet sich einem Hexenfest, das gerade für Kinder im magischen Alter überaus faszinierend ist. Die Kinder verwandeln sich in Junghexen oder Junghexer, und wenn alle verkleidet sind, geht's zur großen Hexenprüfung. Dort zeigen sie ihre Hexenkünste und feiern schließlich ein großes Hexenfest. Das eignet sich insbesondere für die Walpurgisnacht am 30. April, um Abschied vom Winter zu nehmen und sich auf den Frühlingsbeginn zu freuen. Dabei dürfen natürlich nicht die Leckereien aus der Hexenküche fehlen, deren schaurige Zutaten die Junghexen und -hexer im Hexenwald sammeln können.

Hexenbesen-Einladung

Material: 1 kleiner dicker Stock pro Kind, braunes und beigefarbenes Krepppapier, Klebeband, gelbes quadratisches Faltpapier (20 cm), Füller, Buntstift

Die Kinder suchen auf einem Waldausflug einen dünnen, langen Stock (ca. 30 cm).

In der Einrichtung schneiden sie das Krepppapier in ca. 10 cm lange dünne Fransen, die sie zu einem Bündel fassen und an einem Ende ihres Stocks als Besenzweige mit dem Klebeband fixieren.

Auf das gelbe Faltpapier wird der Einladungstext geschrieben (➜ Abb.).

Das Blatt wird um den Besenstiel gewickelt, sodass die beschriftete Seite nach innen zeigt, und mit Klebestreifen befestigt.

Jedes Kind schreibt allein oder mithilfe der Spielleitung auf das eingerollte Blatt in großen Druckbuchstaben „Einladung" und bringt es seinen Eltern als Hexenflugpost mit.

Alle Junghexen und Junghexer dürfen ihr Können am 30. April um 14 Uhr bei uns im Hexen-Kindergarten zeigen und gemeinsam mit den Eltern ein großes Hexenfest feiern.

Auf zahlreiche Festgäste freut sich der Oberhexer Sebastian Müller

Kostüme & Schminktipps

Hexe

Material: mind. 3 alte Röcke, (Glitzer-) Stoffreste, Nähzeug oder doppelseitiges Klebeband, großes dunkles Langarm-Shirt, alte dunkle Leggins oder Strumpfhosen, alte unifarbene Erwachsenensocken, dunkle alte Kinderhandschuhe, buntes Kopftuch, dunkle Stiefel/Schuhe, ca. 1 m langer dicker Stock, viele Zweige, Draht, Gartenschere, Theaterschminke, Haarklammern, künstliche kleine Spinnen, Fledermäuse, Frösche und Eidechsen; evtl. 2 quadratische farbige Tücher (1,50 m)

Grundkostüm

Die Mädchen nähen oder kleben mehrere Stoffreste als Flicken auf einen alten Rock. Darunter tragen sie noch zwei bis drei andere Röcke, die allesamt etwas ausgefranst sein dürfen. Dazu tragen sie ein Oberteil, das etwas zu groß und ebenfalls geflickt sein kann.

Wenn möglich, schneiden sie in die alten Leggins oder Strumpfhosen Löcher hinein.

Die alten Socken schneiden sie vorne ab und tragen sie als Armstulpen.

Von einem Paar alter Handschuhe schneiden sie die Finger ab und ziehen sie an.

Das Kopftuch falten sie zu einem Dreieck und binden es um den Kopf.

Dazu passen dunkle Schuhe, am besten Stiefel.

Hexenbesen

Ein bis zwei Tage vor dem Fest machen alle Kinder zusammen einen Waldspaziergang, um Stöcke und Reisig für den Hexenbesen zu sammeln.

Es werden ca. 20 cm lange Zweige am unteren Ende des Stocks mithilfe des Drahts festgebunden, sodass ein Besen entsteht.

Schminktipp

Auf dem Hexen-Gesicht wird ein weißer Grundton aufgetragen. Die Augenbrauen werden dunkel nachgemalt und die Lider ebenfalls dunkel geschminkt.

Mit Haarklammern werden auf dem Kopftuch kleine Kunststofftierchen angebracht.

Variante

Sind nicht genügend Röcke vorhanden, ziehen die Mädchen nur einen Rock an und binden darüber zwei farbige Tücher um die Taille.

Tipp: Auch die Spielleitung braucht als OberhexeR natürlich ein Kostüm und einen Hexenbesen, der entsprechend etwas länger als bei den Kindern sein muss.

Hexer

Material: alte dunkle Hose, Stoffreste, Nähzeug oder doppelseitiges Klebeband, dunkles Langarm-Shirt, dunkler Umhang (→ S. 14 „Pferde"), alte unifarbene Erwachsenensocken, dunkle alte Kinderhandschuhe, dunkle Stiefel/Schuhe, schwarzer Tonkartonbogen (50 × 70 cm), Tacker, Gummi, künstliche Spinnweben, kleine Spinnen aus Plastik, Alleskleber, Theaterschminke

Grundkostüm

Die Jungen tragen statt eines Rocks eine alte Hose, auf die sie Flicken nähen oder kleben. Dazu kommt ein dunkles Langarm-Shirt und darüber ein unifarbener dunkler Umhang, der ebenfalls ein paar Flicken erhält.
Auch dem Hexer stehen abgeschnittene Socken als Stulpen und fingerlose Handschuhe sowie dunkle Schuhe, evtl. Stiefel.

Hexerhut

Aus dem Tonkarton wird ein möglichst großer Kreis ausgeschnitten und in vier gleich große Kuchenstücke unterteilt.
Ein Kuchenstück wird ausgeschnitten und aus dem übrigen Tonkarton ein kegelförmiger Hut geformt, der durch Tackern befestigt wird.
Links und rechts werden zwei Löcher für den Gummizug eingestochen, sodass der Hexerhut gut auf dem Kopf hält.
Die künstlichen Spinnweben ziehen die Kinder möglichst lang, sodass sie besonders realistisch wirken, und kleben sie zusammen mit den künstlichen Spinnen auf den Hut.
Tipp: Natürlich brauchen auch die Hexer einen Besen (→ S. 61)!

Schminktipp

Der Hexer bekommt einen grünen Grundton im Gesicht aufgetragen. Die Augenbrauen werden dunkel nachgemalt und die Lippen mit einem grünen Stift geschminkt. Auf eine Wange wird z. B. eine große schwarze Spinne und auf die andere ein Spinnennetz aufgemalt.
Tipp: Natürlich können sich die Junghexen genauso wie die Junghexer schminken und umgekehrt.

Dekoration

Hexen-Lichter

Material: leere Marmeladengläser (ohne Etiketten), Window-Color, Teelichter, Feuerzeug

Die Kinder bemalen die Gläser mit allem, was ein Hexenherz begehrt. Das können Spinnen, Katzen, Raben, Hexenbesen, Hexenhüte usw. sein.
In jedes Glas kommt ein Teelicht und wird nach Bedarf angezündet.

Hexenkräuter-Girlande

Material: verschiedene frische Kräuter (z. B. Dill, Rosmarin, Pfefferminze, Salbei), Band, luftdichte Behälter

Die Zweige werden gewaschen, zu Sträußen zusammengebunden und mit dem Stiel nach oben der Reihe nach in ein langes Band geknotet. Die Kräuter-Girlande wird im Raum aufgehängt und nach dem Fest an einem luftigen, trockenen und dunklen Platz bis zu zwei Wochen hängend getrocknet. In luftdichten Behältern aufbewahrt, gibt es jederzeit leckere Kräuter zu essen!

Hexenfestraum

Material: Kräuter-Girlanden (s. o.), Kräutertöpfe, Äste, Steine, großer Topf, Plastik-Gruseltiere (Spinnen, Frösche, Schlangen, Fledermäuse etc.), Stoffkatze oder Rabe, Röcke, Blusen, dunkle Stoffe, Hexen-Lichter (s. o.), Feuerzeug

Im Hexenfestraum sollte es möglichst chaotisch aussehen. Die Kräuter-Girlanden werden aufgehängt, Töpfe mit frischen Kräutern verteilt und alle weiteren Materialien aufgestellt und bereitgelegt. Aus den Stoffen werden Tischdecken grob zugeschnitten und darauf die Hexen-Lichter gestellt, die im abgedunkelten Raum für indirekte schummrige Beleuchtung sorgen.

Essen & Trinken

Abgehackte Finger mit Augapfel

Für das Hexenmahl können ganz normale Speisen verwendet werden, die den Kindern schmecken – etwas abgewandelt und neu benannt entstehen im Handumdrehen gruselige Assoziationen!

Zutaten für 1 Kind: 1 dünnes (Tofu-) Würstchen, Mayonnaise, Ketchup, 1 Brötchen, 2 Lychees, 2 Schokodrops

Die Würstchen sind die Grundlage für die abgehackten Finger. Damit sie einem das Blut in den Adern gefrieren lassen, halbiert die Spielleitung jede Wurst auf Fingerlänge und ritzt beide Teile zweimal ein, sodass Fingergelenke entstehen. An beiden Spitzen wird für die Fingernägel mit dem Messer ein kleiner waagerechter Schnitt gemacht und eine flache Schicht der Würstchenmasse entfernt.

Die Würstchen werden in einem großen Topf mit heißem Wasser erwärmt und die warmen Würstchen-Finger auf einem Teller drapiert. Die Aushöhlung für den Fingernagel füllt die Spielleitung gleichmäßig mit Mayonnaise und über die andere Seite der abgehackten Finger kommt jede Menge Ketchup als Blut! Dazu wird ein helles aufgeschnittenes Brötchen serviert, auf das die Spielleitung nach Belieben etwas Drachenblut-Ketchup oder Krötenschleim-Mayonnaise gibt. Als Nachtisch werden entkernte Lychees als glupschige Augäpfel serviert. Als Pupille wird jeweils ein Schokodrops eingedrückt – wohl bekomm's!

Kalte Würmer-Schlürf-Suppe

Zutaten: verschiedene Säfte, Gänseblümchen, Fruchtgummi-Regenwürmer, Mäusespeck

Die Kinder haben viel Spaß daran, wenn sie im großen Hexenkessel eine ekelerregende Suppe aus Fruchtsäften, Gänseblümchenblüten und allerlei Fruchtgummitierchen zubereiten dürfen. Sie schmeckt den Hexen besonders gut und löscht so ganz nebenbei den Durst. Sie sollte nach Möglichkeit gemeinsam mit den Kindern auf dem Fest zubereitet werden. Mit der Kelle wird für jeden eine große Portion ins Glas geschöpft.

Tipp: Wer seinen Saft lieber ohne Gänseblümchen oder Fruchtgummitiere trinkt, erhält einen Löffel und fischt sie einfach heraus.

Das Fest beginnt

Alle Kinder und ihre Eltern werden von der Spielleitung als OberhexeR in der Einrichtung begrüßt und in den schummrig-gruseligen Hexenraum geführt. Dort verkleiden sich alle Kinder mithilfe der Eltern als Junghexen und Junghexer (s. o.). Die Kopfbedeckung wird allerdings noch nicht aufgesetzt!

Hexennamen

Material: evtl. 1 Schnitzmesser pro Kind

Alle Kinder bilden einen Kreis und halten ihr Kopftuch oder ihren Hexerhut in der Hand. Die Eltern bilden einen Außenkreis. Jeweils ein Kind reitet auf dem Besen in den Kreis und alle übrigen Kinder suchen gemeinsam mit Eltern und Spielleitung so lange nach einem passenden Hexennamen für das Kind, bis dieses mit seinem Namen zufrieden ist, z. B.: Hexe Katzenauge, Hexe Kräutertopf, Hexe Rabenfeder, Hexe Puzzinella, Hexer Rumpumpel, Hexer Lampedusius, Hexer Grummeldumpf …

Ist der passende Name gefunden, rufen alle Kinder und Eltern laut:
„Abrakadabra, hex, hex, hex,
einen neuen Namen bekommst du jetzt:
HexeR …!"
Nun setzt die frischgebackene Junghexe oder der Junghexer Tuch oder Hut auf und macht Platz für das nächste Kind.

Variante
Die Kinder ritzen ihren Hexennamen mithilfe der Eltern in ihren Hexenbesenstiel!

Verhexter Oberhexen-Besen

Alle Namen sind vergeben und die Hexen zufrieden – nur die Oberhexe nicht, denn sie hat vor lauter Namensgrübeleien ihren Hexenbesen verlegt! Wer kann den Besen wieder herbeihexen?

Material: Hexenbesen (→ S. 61)

Die Spielleitung versteckt heimlich ihren Oberhexen-Besen im Raum oder draußen, z. B. hinter einem Schrank oder hinter einem Busch. Alle Junghexen und -hexer sagen zusammen: *„Lieber Besen, flieg herbei! Hex, hex!"* Sofort machen sich alle auf die Suche nach dem Besen. Das Kind, das den Besen am schnellsten findet, darf in der nächsten Spielrunde seinen eigenen Hexenbesen verstecken. Damit es dabei nicht von den anderen Kindern beobachtet wird, versetzt es mit seiner Hexenkraft alle in einen kurzen Schlaf und weckt sie erst wieder auf, wenn der Besen gut versteckt ist.

In der Hexen-Flugschule

Sind alle Besen wieder herbeigehext, steht für die Junghexen und -hexer ein wichtiger Lernschritt an: die Hexen-Flugschule!

Material: 8 Gymnastikreifen, großes Kissen, Springseil, kleiner Kasten, Hexenbesen (→ S. 61); evtl. Stoppuhr

Vorbereitung
Die Spielleitung baut im Bewegungsraum einen Flugschul-Parcours auf:
* 4 Reifen auf dem Boden mit ein wenig Abstand zum Slalom-Lauf
* großes Kissen zum Drüberspringen
* Seil zum Rückwärts-Balancieren
* 4 Reifen in einer Reihe aneinander zum Hüpfen von Reifen zu Reifen
* Kasten zum Drübersteigen
* Platz für Schlussspurt-Flug zum Startpunkt zurück

Spinne, Frosch & Mäusedreck

Nach dem aufregenden Flugunterricht brauchen die Junghexen eine kleine Stärkung und zaubern einen leckeren Hexenbrei. Anregungen für die Zutaten finden sie im Raum: Spinnweben, Mäuse, Spinnen …

Material: großer (verbeulter) Topf, Rührkelle, Raumdeko (➜ S. 63: künstliche Spinnweben, kleine Plastik-Tiere wie Spinnen, Mäuse, Frösche usw.)

Alle Kinder bilden einen Kreis um den großen Topf herum.

Ein Kind stellt sich neben den Topf, nennt laut eine Zutat aus dem Raum und murmelt einen Zauberspruch vor sich hin. Sofort laufen alle anderen Kinder los, um z. B. möglichst schnell alle Spinnen aus dem Raum in den großen Hexentopf zu werfen, während das Kind in der Mitte eifrig im Topf rührt.

Die Spielleitung überprüft als OberhexeR kritisch, ob noch Spinnen im Raum übersehen wurden. Falls ja, murmelt das Kind am Topf noch einmal seinen Zauberspruch und die Kinder machen sich auf die Suche nach den restlichen Tieren. Erst wenn alle Tiere gefunden wurden, kommt ein neuer Hexenkoch in die Mitte und nennt eine neue Zutat.

Spielablauf

Alle Kinder gehen in die Hexenflugschule und stellen sich mit ihren Besen hintereinander auf. Nacheinander fliegen sie auf ihren Besen im Slalom um die vier Reifen, springen über das große Kissen usw.

Variante für ältere Kinder

Die Kinder bilden zwei bis drei gleich große Teams, die nacheinander den Parcours durchlaufen. Das Team, das am schnellsten alle Hindernisse überwindet, gewinnt das Spiel.

 Eins, zwei, drei, koch' ich Hexenbrei Nr. 1

Im direkten Anschluss an das vorige Spiel wird das folgende Lied gesungen. Der Topf bleibt mit Kelle in der Mitte und die Spielleitung stellt sich rührend als OberhexeR daneben.

1. Popelschleim mit Mayonnaise,
Schimmelpilz vom alten Käse,
den Besen vor dem Oberkörper hin und her schwingen
Nagelschnipsel von den Füßen,
die den ganzen Brei versüßen.
dazu die Füße abwechselnd in den Kreis strecken
Doch da fällt mir ein – au Backe –,
es fehlt 'ne Prise Mäusekacke!
Besen stillhalten, eine Hand an die Wange legen

2. Schuppen aus der Haut von Schlangen,
zwei zerrieb'ne Zuckerstangen,
den Besen vor dem Oberkörper hin und her schwingen
ein paar kleine Hamsterknochen
dann in etwas Pipi kochen.
dazu Nase rümpfen und eine Fratze ziehen
In das Ganze kommt zum Trotze
noch ein Löffel Affenkotze.
Besen stillhalten und die Zunge rausstrecken

Zwischenspiel
So, jetzt ist der Brei perfekt!
Probiert mal, wie das schmeckt!
die Spielleitung winkt alle als OberhexeR herbei, alle machen einen Schritt zum Topf und probieren pantomimisch
Lecker! Lecker! Lecker-Schmecker!
Mmmh, mmmh!
im Takt mit einer Hand den Bauch reiben und zurück auf die Kreisbahn gehen

Refrain (3 ×)
Eins, zwei, drei, koch' ich Hexenbrei
einmal um die eigene Achse drehen und einen großen Topf andeuten
mit viel Magie und Zauberei!
Zauberbewegungen mit einer Hand machen

3. Eine kleine Hasenpfote
mit dem Saft der Chilischote,
den Besen vor dem Oberkörper hin und her schwingen
Krötenschleim, 'ne Schweinenase,
Wasser aus der Blumenvase.
dazu auf die Nase zeigen
Mit dem Löffel dreimal rucken –
rrrrrrrchch! – und in die Suppe spucken.
Besen stillhalten und pantomimisch in Richtung Topf spucken

4. Ein paar alte trock'ne Warzen,
Pfefferkörner, nur die schwarzen.
den Besen vor dem Oberkörper hin und her schwingen
Hasenköttel, Hühnerfüße
und noch etwas Schleim zur Süße.
dazu die Füße abwechselnd in den Kreis strecken
Doch da fällt mir ein – au Backe –,
wieder fehlt die Mäusekacke!
Besen stillhalten, eine Hand an die Wange legen

Zwischenspiel
So, jetzt ist der Brei perfekt …

Refrain (3 ×)
Eins, zwei, drei, koch' ich Hexenbrei …

 Die Noten zu allen Liedern gibt es als kostenlosen Download unter **www.oekotopia-verlag.de/ prinzessin-und-piraten.html**

Was wurde weggehext?

Manchmal müssen Hexen sich viele Dinge merken können, z. B. lange Zaubersprüche oder komplizierte Rezeptzutaten. Dazu zwei Gedächtnis-Trainings-Spiele!

Material: 1 Tuch, 6–8 Dekosachen (➔ S. 63, z. B. Plastiktiere oder Kräuter), 1 Korb o. Ä.

Die Spielleitung breitet als OberhexeR ein Tuch auf dem Boden aus und legt je nach Alter der Kinder sechs bis acht Dinge aus dem Hexenraum darauf. Alle Junghexen und -hexer bilden einen Kreis darum herum und prägen sich alle Sachen gut ein.

Nach einer Minute schließen die Kinder ihre Augen. Die Spielleitung sagt langsam:

„Hex, hex, hex und weg,
suchen hat nun keinen Zweck!"

Dabei nimmt sie eins der Dinge vom Tuch weg und versteckt es in einem Korb hinter ihrem Rücken.

Hat sie zu Ende gesprochen, dürfen die Kinder die Augen wieder öffnen. Wer weiß, welches Teil fehlt?

Zur Kontrolle zaubert die Spielleitung das fehlende Teil wieder herbei:

„Hex, hex, hex, nun seht:
Dieses Teil hat uns gefehlt!"

Dabei holt sie den Gegenstand wieder hervor und legt ihn zurück auf das Tuch. Anschließend übernimmt ein Kind als JunghexeR ihre Rolle und hext auf die gleiche Art einen anderen Gegenstand weg.

In meinen Hexenbrei rühre ich ...

Dieses Spiel verläuft so ähnlich wie das bekannte Spiel „Ich packe meinen Koffer", jedoch wird hier ein eklig riechender und gruselig schmeckender Hexenbrei zubereitet.

Alle Kinder sitzen im Kreis beisammen. Die Spielleitung sagt als OberhexeR: *„In meinen Hexenbrei rühre ich stinkende Socken!"* Das Kind links neben ihr wiederholt den Satz und fügt etwas Neues dazu: *„In meinen Hexenbrei rühre ich stinkende Socken und Drachenblut!"* Das nächste Kind im Kreis ergänzt z. B.: *„In meinen Hexenbrei rühre ich stinkende Socken, Drachenblut und Schweißfinger!"*

Reihum wird das Spiel auf diese Weise weitergeführt, bis die Spielleitung wieder dran ist. Wer eine Zutat vergisst, muss ein Pfand abgeben und es beginnt eine neue Spielrunde.

Ist eine Runde vollständig beendet, findet eine Pfandversteigerung statt, bei der die Kinder Hexenaufgaben lösen müssen, um ihre Pfänder einzulösen, z. B.:

✳ eine Runde auf dem Besen fliegen,

✳ einen kurzen Hexentanz aufführen,

✳ sich von der Oberhexe in ein Tier verwandeln lassen und dieses kurz pantomimisch nachspielen ...

Hexen versteinern  Nr. 2

Auch das Reaktionsvermögen der Junghexen und -hexer muss geschult werden, damit beim Flug zum Bloxberg sich nicht alle über den Haufen fliegen. Dazu eignet sich der Refrain des Liedes „Abrakadabra" (s. u.).

Zwei Kinder stellen sich in der Mitte des Raumes auf und alle anderen fliegen auf ihren Besen im Raum herum.
Die beiden Kinder in der Mitte sprechen oder singen dreimal hintereinander: *„Abrakadabra, dreimal schwarzer Kater, Hexenbesen fliegt!"* Danach rufen sie laut: *„Hex, hex, hex, bleibt steh'n!"* Sofort erstarren alle Hexen auf ihrem Besen zu Stein. Die beiden Hexen, die besonders schnell reagiert haben, dürfen das Spiel wiederholen.

♫ Abrakadabra Nr. 2

Nach so vielen Hexenaufgaben haben bestimmt alle großen Appetit auf die abgehackten Finger, Brötchen mit Drachenblut oder die kalte Würmer-Schlürf-Suppe (→ S. 64). Frisch gestärkt fliegen alle auf ihren Besen zum Bloxberg, um miteinander das folgende Lied zu singen.

Material: jede Menge Steine, trockene Holzstücke und Krepppapierreste in Gelb, Orange und Rot

Die Spielleitung legt im Außenbereich der Einrichtung mehrere Steine zu einem kleinen Kreis, in dessen Mitte sie das Holz aufschichtet. Die Kinder zerknüllen die Krepppapierreste und verteilen sie zwischen den Scheiten und auf dem Holz. Fertig ist die ungefährliche Feuerstelle für den Tanz auf dem Bloxberg!
Für das Lied bilden alle Kinder einen großzügiger Kreis um das Feuer herum.

„Hex, hex, hex, bleibt steh'n!"

1. Dreizehn kleine Hexen an Walpurgisnacht,
tanzten um ein Feuer, haben viel gelacht.
Und die Oberhexe sprach es in den Rauch:
„Heute sollt ihr fliegen, denn das ist alter
Brauch."
Dreizehn kleine Hexen tanzten rund im Kreis.
Sprachen einen Zauberspruch, den jede Hexe
weiß:

auf dem Besen hintereinander im Kreis reiten

Zwischenteil:

„Besen, Besen, seid's gewesen,
sollt nicht in der Ecke liegen!
Besen, Besen, seid's gewesen,
sollt jetzt alle für uns fliegen:
Hex, hex, hex, hex!"

*stehen bleiben, den Zauberspruch zur Kreismitte singen
und den Besen durch die Luft schwingen*

Refrain (4 ×)

Abrakadabra,
dreimal schwarzer Kater,
Hexenbesen, fliegt!

nach außen zu den Zuschauern drehen, Zauberbewegungen machen, Besen in die Luft strecken

2. Dreizehn kleine Hexen an Walpurgisnacht,
tanzten um ein Feuer, haben viel gelacht.
Alle wollten fliegen, fingen an zu schrei'n:
„Wer ist wohl die schnellste im Hexenflugverein?"
Dreizehn kleine Hexen tanzten rund im Kreis.
Sprachen einen Zauberspruch, den jede Hexe
weiß:

auf dem Besen hintereinander im Kreis reiten

Zwischenteil:

„Besen, Besen, seid's gewesen …"

Refrain: Abrakadabra …

 Die Noten zu allen Liedern gibt es als kostenlosen Download unter **www.oekotopia-verlag.de/ prinzessin-und-piraten.html**

Abschieds-Hexenfoto

Material: Digitalkamera

Allen Junghexen und Junghexern verkündet die Spielleitung als OberhexeR feierlich, dass sie die Hexenaufgaben hervorragend gemeistert und somit die Hexenprüfung bestanden haben. Sie gehören nun zu den großen Hexen und Hexern.
Die Spielleitung macht zum Abschluss mit der Digitalkamera ein Gruppenbild, das die Kinder in den nächsten Tagen als Erinnerung zur bestandenen Hexenprüfung erhalten.
Sie wünscht allen Gästen noch viel Spaß beim gemütlichen Beisammen auf dem Hexenfest und später einen guten Heimflug auf ihrem Hexenbesen.

Prinzessinnen- und Prinzenfest

Von Märchenschlössern & Glitzerwelten

Prinzessinnen und Prinzen aus der Märchenwelt üben auf Kinder eine große Faszination aus. Oft müssen sie viele Aufgaben meistern, bevor sie ihr Ziel erreichen, das nicht selten in einem großen Fest mündet. So muss z. B. im Märchen von Hans Christian Andersen die Prinzessin auf einer Erbse schlafen oder im Märchen der Gebrüder Grimm einen Frosch

küssen. Aber auch die Prinzen haben es oft nicht leicht: Sie müssen die richtige Braut anhand von einem Schuh unter allen heiratswilligen Prinzessinnen finden oder sieben Zwerge von ihren guten Absichten überzeugen …

In diesem Kapitel werden alle Kinder zu einem Märchenprinzessinnen- und -prinzenfest eingeladen, das sich zur Faschingszeit, aber auch als Höhepunkt für ein Märchenprojekt geradezu anbietet. Dabei tauchen die Kinder in die Märchenwelt ein und dürfen als Prinzessin oder Prinz z. B. so manches Rätsel lösen. Auf diese Weise wird ganz nebenbei das Märchenwissen vertieft und erweitert.

Zackenkrone-Einladung

Material: goldener und silberner Tonkarton (60 cm breit), Tacker, goldene und silberne Lackstifte, Glitterstifte

Die Spielleitung schneidet aus dem Tonkarton für jedes Kind einen Streifen von 60 × 10 cm aus.

Der Streifen wird um den Kopf eines Kindes gelegt, die beiden Enden ca. 3 cm übereinander gelegt, zusammengetackert und die überstehenden Enden abgeschnitten.

Am oberen Rand werden ringsherum etwa gleichgroße Zacken bis zur Mitte des Streifens ausgeschnitten, sodass eine Krone entsteht.

Mithilfe der Spielleitung beschriften die Kinder ihre Krone wie in der Abbildung gezeigt.

Sie verzieren ihre Kronen mit Glitterstiften und treten mit den fertigen Einladungs-Kronen auf dem Kopf den Heimweg an.

Unser Prinzessinnen- und Prinzenfest findet am 20. September um 10 Uhr in der Kita statt. Auf Schloss "Glitzerstein" freut man sich bereits auf Euer Kommen.

Kostüme & Schminktipps

Prinzessin

Material: Tüll-Meterware (je nach Wunsch in Rosa, Pink, Lila …), Baumwollgarn, stumpfe Wollnadel, altes helles T-Shirt, Pailletten, Perlen, Glitter-Stoffmalfarben o. Ä., Leggins in leuchtenden Farben, großer Beutel Mosaikperlen-Glitter-Mix, Kunststoffschnur, goldene und silberne Tonkartonbögen, Tacker, Schmucksteine (z. B. Herzen, Blumen …), Alleskleber, Tonkartonbogen in Pink, Hellblau, Silber und Gold, Hutgummi, pinkfarbene dünne Federboa, Alleskleber, Glitzerstifte, Theaterschminke, Glitzercreme; evtl. Verkleidungskiste (mit edlen Stoffen aus Tüll, Samt, Seide, Spitze …)

Grundkostüm

Einen einfachen Tüllrock ohne viele Lagen können die Kinder selbst von Hand nähen. Dazu schneidet sich jedes Kind einen Streifen Tüll auf Rocklänge zurecht, der sich mind. dreimal um die Hüfte wickeln lässt.

Sie legen den Stoff der Breite nach vor sich hin und ziehen einen Baumwollfaden mit einigen Stichen nah an der oberen Kante durch (➔ Abb.), sodass sich der Stoff raffen lässt.

Sie wickeln den gerafften Rock um ihre Hüfte und verknoten die Fadenenden miteinander.

Auf das T-Shirt nähen die Kinder Pailletten, Perlen und andere Dinge.

Zusätzlich können sie T-Shirt und Leggins z. B. mit Glitter-Stoffmalfarben bemalen.

Ketten und Armreifen

Die Prinzessinnen fädeln z. B. Mosaikperlen an einer ca. 80 cm langen Kunststoffschnur zu einer glitzernden Kette auf.

Als Armreif schneidet die Spielleitung einen ca. 3 cm breiten goldenen oder silbernen Tonpapierstreifen zu, der locker um das Handgelenk gelegt und zusammengetackert wird.

Die überstehenden Enden schneiden die Kinder ab und bekleben ihren Armreifen mit verschiedenen Schmucksteinen.

Faden

Prinzessinnenkrone

Die Krone wird wie die Zackenkronen-Einladung von S. 73 gebastelt, jedoch für die Prinzessinnen etwas kleiner (30 × 10 cm) aus einem farbigen Tonkarton ihrer Wahl.

In zwei gegenüberliegende Seiten werden zwei kleine Löcher gemacht, sodass daran ein Hutgummi befestigt werden kann.

Um den äußeren Kronenrand wird zusätzlich ein Stück Federboa geklebt.

Alle Prinzessinnen verzieren ihre Krone nach Belieben mit Schmucksteinen oder Glitterstiften.

Schminktipp

Jede Prinzessin erhält einen rosafarbenen, glänzenden Lippenstift, rosafarbenen Lidschatten und Glitzercreme am äußeren Rand des Augenlids.

Grundkostüm-Variante

Die Kinder stellen sich aus der Verkleidungskiste ein individuelles Prinzessinnenkleid zusammen.

Prinz

Material: Umhang (z. B. in Mitternachtsblau, ➔ S. 14 „Pferde"), Glitter-Stoffmalfarben, Langarm-Shirt (z. B. in Dunkelrot), Tortenspitze (ca. 14 cm Ø), weiße Strumpfhose, braune oder schwarze Stiefel (oder schwarze Gymnastikschuhe), goldener Tonkartonbogen, Tacker, Satinstoff in Rot oder Blau, Zirkel, Klebstoff, Klebestreifen, große Bastelfeder, Theaterschminke

Grundkostüm

Jeder Prinz erhält einen Umhang, der mit Glitter-Stoffmalfarben kostbar verziert wird.

Die Tortenspitze wird in der Mitte zusammengefaltet und am Halsausschnitt des Shirts angenäht, sodass die Spitze nach unten zeigt (➔ Abb.).

Dazu tragen die Prinzen weiße Strumpfhosen und dunkle Stiefel.

Für einen goldenen Gürtel wird aus dem Tonkartonbogen ein passender Streifen ausgeschnitten, die Enden im Rücken werden zusammengetackert und überstehende Enden abgeschnitten.

Satin-Mütze

Für die Kopfbedeckung schneidet die Spielleitung einen Tonkartonstreifen von 60 × 0,3 cm zu, der um den Kopf des Kindes gelegt und an den Enden zusammengetackert wird. Die überstehenden Enden werden abgeschnitten.

Auf ein Stück Satinstoff wird ein Kreis mit einem ca. 4 cm größeren Durchmesser als das Stirnband gezeichnet und ausgeschnitten.

Die Innenseite des Tonkartonstreifens wird mit Klebstoff beschmiert und der äußere Rand des Satinstoffs daran befestigt.

Der Stoff wird mit einer Hand oberhalb des Tonkartonstreifens ausgebeult, sodass eine Prinzenmütze entsteht (➜ Abb.).

Den Stoffzipfel oben in der Mitte der Mütze wird am besten mit einem Stück Klebestreifen umwickelt, sodass nichts mehr verrutschen kann.

Zusätzlich wird eine große Feder vorne links an die Innenseite des Tonkartonstreifens geklebt und festgetackert.

Schminktipp

Der Prinz bekommt hellrote Wangen gemalt. Außerdem schminkt ihm die Spielleitung oder ein anderes Kind einen imposanten Schnäuzer.

Dekoration

Girlanden & Baldachine

Material: viele Chiffontücher und Luftballons in Rosa, Hellblau, Silber und Gold, Reißnägel, Wolle

Die Chiffontücher werden wie kleine Baldachine nicht zu weit voneinander entfernt an der Decke mit Reißnägeln angebracht.
Zudem werden immer zwei bis drei aufgeblasene Luftballons an einen Faden geknotet und an Schränken und Wänden befestigt.
Einige Luftballons werden an einem langen Faden zu einer Girlande aneinandergebunden und dekorativ im Festraum aufgehängt.

Glitzer-Anhänger

Material: DIN-A4-Tonkartonbogen, Tonkartonbögen in Rosa, Hellblau, Silber und Gold, Glitterstifte, Nähgarn

Die Spielleitung zeichnet den Umriss eines Herzens, eines Schmetterlings und einer Krone auf einen Tonkarton und schneidet alle Motive aus.
Aus diesen Schablonen fertigen die Kinder jeweils z. B. ein rosafarbenes Herz, einen goldenen Schmetterling und eine silberne Krone an, die sie mit Glitterstiften verzieren und ausschneiden.
Sie stechen am oberen Rand jeweils ein kleines Loch durch alle Formen, sodass sie diese mit einem Faden überall im Raum aufhängen können.

Tipp: Besonders schön wirken die Anhänger auch an den Baldachinen (s. o.).

Goldene Glitzer-Tische

Der Tisch sollte festlich eingedeckt werden. Hier können die Prinzessinnen und Prinzen zeigen, dass sie ausgezeichnete Tischmanieren haben.

Material: Organza-Stoffe in Gold, Porzellan-Kaffeegedeck, Servietten in Rosa und Mitternachtsblau, große Glasschalen, Schwimmkerzen in Rosa, Mitternachtsblau oder Gold, frische Blüten (z. B. Dahlien-, Primel- oder Apfelblüten), Perlen, Glitzerdeko, Gold-Schokotaler

Die Tische werden entweder nebeneinander oder in U-Form gestellt.
Als Tischdecken werden die goldenen Organza-Stoffe ausgebreitet und der Tisch mit Geschirr und Servietten eingedeckt.
In jede Tischmitte wird eine zur Hälfte mit Wasser gefüllte Glasschale gestellt mit Schwimmkerzen und frischen Blüten darin.
Darüber hinaus werden auf den Organza-Tischdecken zwischen dem Geschirr kleine Perlen, Glitzerdeko und Gold-Schokotaler verstreut.

Essen & Trinken

Kronen-Kuchen

Zutaten: 250 g Butter, 200 g Zucker,
1 Päckchen Vanillezucker, 4 Eier, 500 g Mehl,
1 Päckchen Backpulver, 1/8 l Milch,
Lebensmittelfarbe in Rosa oder Gold,
Liebesperlen
Material: herzförmige Kuchenform (oder
Kasten- oder Napfkuchenform)

Die Spielleitung rührt den Kuchenteig gemeinsam mit den Kindern.
Sie rühren die Butter schaumig.
Der Zucker wird mit dem Vanillezucker ge-
mischt und untergerührt.
Nach und nach rühren die Kinder die Eier unter.
Das Mehl wird mit dem Backpulver vermischt
und portionsweise untergerührt.
Die Spielleitung fügt so viel Milch hinzu, bis
der Teig schwer reißend vom Löffel fällt.
Die Kuchenform wird eingefettet und der Teig
darin gleichmäßig verteilt.
Der Kuchen wird auf der untersten Schiene des
vorgeheizten Ofens bei 175 °C ca. 80 Min. gebacken.
Den fertigen Kuchen stürzt die Spielleitung auf
ein Gitter zum Erkalten.
Der ausgekühlte Kuchen wird mit Lebensmittelfarbe mit Kronen bemalt und mit Liebesperlen verziert. Bei der Herz- oder Kastenkuchen-
form kann eine große Krone auf die glatte
Oberfläche gemalt werden, beim Napfkuchen
werden lauter kleine Kronen auf alle Seiten gemalt.

Edle Trink-Schokolade

*In früheren Zeiten waren nicht nur Schokolade,
sondern auch Gewürze kostbare Lebensmittel, die
sich nur Reiche leisten konnten. Passend zum Fest
bekommen alle kleinen Prinzen und Prinzessinnen
eine Tasse echte Trinkschokolade kredenzt.*

Zutaten für 6 Kinder: 1 Tafel Bitterschokolade, 1 l Milch, 1 Päckchen Vanillezucker,
¼ TL Zimt, 1 Msp. Kardamom, 250 ml Sahne,
Schokosplitter

Die Spielleitung hackt die Bitterschokolade mit
einem Messer klein.
Die Milch wird in einem Topf erhitzt.
Schokolade, Vanillezucker und die Gewürze
werden dazugegeben und so lange umgerührt,
bis die Schokolade geschmolzen ist.
Die Spielleitung schlägt die Sahne mit dem
Handrührgerät steif.
Alle Prinzessinnen und Prinzen bekommen ei-
ne Tasse heiße Gewürz-Schokolade mit einer
Sahnehaube darauf – und mit Schokosplittern
garniert!

Das Fest beginnt

Die Spielleitung verdunkelt etwas den geschmückten Raum und begrüßt alle Prinzessinnen und Prinzen einzeln, die nacheinander mit ihren Eltern den Raum betreten. Dabei macht sie entweder einen Hofknicks oder einen Diener und die Kinder ahmen die Begrüßung nach. Anschließend lädt sie alle recht herzlich zu einer musikalischen Reise in das Märchenschloss ein.

🎵 Im Märchenschloss 💿 Nr. 9

Material: schwarzes Tuch, Steckenpferd (➡ S. 47), 1 Leuchtstab pro Erwachsener

Alle Kinder bilden einen großen Kreis. Ein Kind legt sich das Tuch als Zauberer um die Schultern, ein Prinz bekommt das Steckenpferd. Die Eltern stellen sich alle mit einem Leuchtstab direkt hinter ihren Kindern im Außenkreis auf. Eine Prinzessin stellt sich in die Kreismitte.

1. Es war einmal, so fangen Märchen an,
eine Prinzessin, als mein Traum begann.
die Prinzessin geht rhythmisch im Innenkreis herum, alle anderen Kinder lassen ihren Kopf auf ihrem Handrücken ruhen
Die lief gelangweilt durch den Märchenwald,
traf einen Zauberer in Vogelgestalt.
das Zauberer-Kind geht mit dem Tuch über Kopf und Schultern gebreitet mit Flügelbewegungen in die Mitte, bis es vor der Prinzessin steht
Sprach zu dem Vogel: „Komm, flieg mit mir ans Ende der Welt und zeig sie mir."
die Prinzessin reicht dem Zauberer-Kind die Hand, beide gehen rhythmisch im Kreis herum

2. Sie folgte ihm blind und verlor ihr Glück,
war nun ganz schwarz, kam als Hexe zurück.

*das Zauberer-Kind zieht plötzlich sein Tuch herunter,
wirft es der Prinzessin über den Kopf und flieht auf die
Kreisbahn zurück*

Ein Rabe, drei Katzen, ein Kessel und Holz,

alle Kinder zeigen die Zahlen mit den Fingern an

sie war sehr traurig, vergaß ihren Stolz.

*die Prinzessin kniet sich mit dem Tuch über dem Kopf
jammernd auf den Boden*

Und hinterm Wald, ja, da sah sie ganz klein
ihr Märchenschloss im Mondenschein.

*alle Kinder reichen sich die Hände und strecken die Arme
in die Luft, um die Schlosszinnen darzustellen*

Refrain 1

Im Märchenschloss funkeln überall Sterne.
Im Märchenschloss gibt es überall Licht.
Im Märchenschloss sind wir Prinz und Prinzes-
sin.
Im Märchenschloss gibt es nur dich und mich.

*die Eltern bewegen die Leuchtstäbe hoch über dem Kopf
im Takt hin und her; die Kinder wiegen sich ebenfalls mit
den erhobenen Armen im Takt hin und her; in der letzten
Zeile nehmen sie die Arme herunter und deuten erst auf
ein anderes Kind, dann auf sich selbst*

3. So weinte sie Jahre, weil man sie vergaß.
Daraus wurd' eine Träne aus feinstem Glas.

die Prinzessin tut so, als ob sie weinen würde

Die funkelte hell durch die dunkle Nacht.
Da hat sich ein Prinz auf den Weg gemacht.

der Prinz reitet mit seinem Steckenpferd in die Mitte

Ritt auf 'nem Einhorn mit goldenem Schwert
ans Ende der Welt und machte nicht kehrt.

der Prinz reitet im Takt um die Prinzessin herum

4. Er fand sie weinend und löste den Bann,
küsste sie frei und das Märchen fing an.

*der Prinz bleibt vor der Prinzessin stehen und haucht ihr
einen Handkuss zu*

Sie folgte ihm blind und so fand sie ihr Glück.
Kam wunderschön als Prinzessin zurück.

*die Prinzessin steht auf, wirft das schwarze Tuch ab und
geht mit dem Prinz im Takt im Kreis herum*

Und hinterm Wald, da sah man ganz groß
im Strahl der Sonne ihr goldenes Schloss.

*alle Kinder reichen sich die Hände und strecken die Arme
als Schlosszinnen in die Luft*

Refrain 2

Im Märchenschloss funkeln überall Sterne.
Im Märchenschloss gibt es überall Licht.
Im Märchenschloss findest du deine Träume.
Im Märchenschloss gibt es nur dich und mich.

*die Eltern bewegen die Leuchtstäbe hoch über dem Kopf
im Takt hin und her; Prinz und Prinzessin stellen sich nebeneinander zu den anderen auf die Kreisbahn; alle Kinder wiegen sich mit erhobenen Armen im Takt hin und
her; in der letzten Zeile nehmen sie die Arme herunter und
deuten erst auf ein anderes Kind, dann auf sich selbst*

Refrain 1

Im Märchenschloss funkeln überall Sterne …

 Die Noten zu allen Liedern gibt es als kostenlosen
Download unter **www.oekotopia-verlag.de/
prinzessin-und-piraten.html**

Die Reise zum Märchenschloss Nr. 9

Nach dem Lied bittet die Spielleitung alle zu Tisch, um miteinander die heiße Schokolade zu trinken und den Kuchen zu essen (→ S. 78). Meist sind die Kinder schnell mit dem Essen fertig und freuen sich nach dem Stillsitzen auf die folgenden Festspiele.
Dieses erste Spiel verläuft ähnlich wie das altbekannte Spiel „Die Reise nach Jerusalem", allerdings scheidet hier kein Kind aus.

Alle Kinder bis auf eines bilden zwei Stuhlreihen, die Lehne an Lehne gestellt werden. Die Spielleitung schaltet die Musik ein und alle Prinzessinnen und Prinzen gehen dazu im Takt um die beiden Stuhlreihen herum.
Stoppt die Musik, müssen sich alle blitzschnell einen freien Stuhl suchen. Das Kind, das keinen freien Platz findet, stellt sich mit seinem eigenen oder einem erfundenen Namen vor, z. B.: *„Ich bin Prinzessin Kunigunde."* Danach muss es eine Frage aus einem Märchen beantworten, in dem eine Prinzessin oder ein Prinz vorkommt, z. B.:

✳ *Wie heißt das Märchen, bei dem der Spiegel sagt: „Frau Königin, Ihr seid die Schönste im ganzen Land!"* (Schneewittchen)

✳ *Nenne etwas, womit die Königin Schneewittchen töten wollte!* (Schnürriemen, giftiger Kamm, giftiger Apfel)

✳ *Wie heißt das Märchen, bei dem die Königstochter sich an der Spindel stach und durch einen Fluch der bösen Fee einhundert Jahre lang schlafen musste?* (Dornröschen)

✳ *Wer küsste Dornröschen wach?* (ein Prinz)

✳ *Wer lief vom Königssohn weg und verlor auf der Treppe einen Schuh?* (Aschenputtel)

✳ *Weshalb sollten alle Töchter im Land den Schuh von Aschenputtel anprobieren?* (damit der Prinz Aschenputtel wiederfindet)

✳ *Wer hat seine Haare aus einem hohen Turm herabhängen lassen, damit ein Prinz daran hinaufklettern konnte?* (Rapunzel)

✳ *Hat die Zauberin Rapunzel in einen Vogel oder in einen Affen verwandelt?* (in einen Vogel)

Wurde die Frage falsch beantwortet, helfen die anderen Kinder weiter. Danach startet eine neue Spielrunde, bei der alle Kinder wieder mitspielen. Das Spiel ist aus, wenn das Lied beendet ist.

Variante für jüngere Kinder
Kinder, die die Märchen noch nicht so gut kennen, dürfen sich mit einem Prinzessinnen- oder Prinzennamen vorstellen und einen formvollendeten Knicks oder eine Verbeugung machen. Sind die übrigen Kinder damit noch nicht zufrieden, müssen sie ein paar Mal üben, bevor die nächste Spielrunde beginnt.

Märchen raten

Material: Märchenbuch, Glitzer-Anhänger
(→ S. 77)

Die Kinder setzen sich in Kleingruppen mit
max. sechs Kindern in einen Stuhlkreis. Ein Elternteil liest ihnen ein bekanntes Märchen,
z. B. Aschenputtel, vor, ohne Aschenputtel zu
erwähnen. Wer weiß, wie das Märchen heißt,
darf den Namen des Märchens gleich in die
Runde rufen. Stimmt die Antwort, darf sich
das Kind einen der Deko-Glitzer-Anhänger aus
dem Raum aussuchen und später mit nach
Hause nehmen.
Danach wird ein neues Märchen vorgelesen,
bis wieder ein Kind das Märchen errät.

Dornröschen, Rapunzel oder Aschenputtel?

Material: Bewegungsmusik

Die Kinder bewegen sich zur Musik frei durch
den Raum. Bei Musikstopp ruft die Spielleitung
laut eine Märchenfigur, auf die die Kinder mit
abgesprochenen Bewegungen reagieren, z. B.:

* „Dornröschen": auf den Boden fallen lassen
  und laut schnarchen,
* „Rapunzel": pantomimisch an einem Zopf
  nach oben klettern,
* „Schneewittchen": stehen bleiben und laut
  sieben Zwerge abzählen, dabei mit dem Finger auf sieben Kinder deuten,
* „Aschenputtel": schnell einen Schuh auszie-
  hen und mit einem anderen Kind tauschen.
  Will der fremde Schuh gar nicht passen,
  wird nochmal getauscht. Danach wird das
  Spiel mit dem falschen Schuh so lange
  weitergespielt, bis der nächste
  Schuhtausch angesagt wird bzw.
  bis zum Spielende.

Wer von den Kindern am
schnellsten reagiert und
die richtige Bewegung
macht, darf die nächs-
te Ansage überneh-
men.

♫ Sieben Berge, sieben Zwerge ◉ Nr. 15

Material: Puppengeschirr (Becher, Teller, Gabel, Messer), Puppenhaus-Möbel (Stuhl, Bett), Spielzeug-Gemüse und -Brötchen

Alle Kinder stehen im Kreis. Acht Kinder erhalten jeweils einen der Gegenstände, den sie vor sich auf den Boden legen.

1. Sieben Berge, sieben Zwerge,
mit den Händen einen spitzen Berg andeuten
sieben Zipfelmützen,
mit den Händen eine Zipfelmütze auf dem Kopf andeuten
springen über Pfützen.
in die Luft springen
Sieben Berge, sieben Zwerge,
mit den Händen einen spitzen Berg andeuten
ist die Arbeit aus,
marschier'n sie schnell nach Haus.
im Takt auf der Stelle marschieren

Und nach all dem Stress am Tage,
quält sie nur noch eine Frage:
stehen bleiben, ratlos am Kopf kratzen

„Wer trank aus dem Becherchen
und aß von dem Tellerchen?
Wer saß auf dem Stühlchen
und aß das Gemüschen?
Wer stach mit dem Gäbelchen
und biss in das Brötchen?
Wer schnitt mit dem Messerchen
und schlief in dem Bettchen?"
alle halten ihre Sachen passend zum Text nacheinander hoch; wenn sie an der Reihe sind, machen sie einen großen Schritt nach vorn und wieder zurück

Refrain:
Du, da, du, da, du, da, da, da, du, da, da,
du, da, du, da, war Schneewittchen da?
Du, da, du, da, du, da, da, da, du, da, da,
du, da, du, da, da war Schneewittchen da!
zum Rhythmus der Musik mit dem Zeigefinger auf ande-
re Kinder deuten

Break (2 ×)
Hey, Zwerge, hey!
in die Hocke gehen und das rechte Bein auf das 2. „hey"
nach vorn schwingen
Hey, Zwerge, ho!
in der Hocke vom linken auf das rechte Bein hüpfen, auf
„ho" das linke Bein nach vorn schwingen
Zwerge, hopp!
auf „hopp" aufspringen
Zwerge, go!
auf „go" beide Arme mit ausgestreckten Zeigefingern nach
oben in die Luft strecken
Variante für jüngere Kinder: *jeweils auf das letzte*
Wort jeder Zeile klatschen

2. Sieben Berge, sieben Zwerge,
mit den Händen einen spitzen Berg andeuten
sieben Zipfelmützen,
mit den Händen eine Zipfelmütze auf dem Kopf andeuten
springen über Pfützen.
in die Luft springen
Sieben Berge, sieben Zwerge,
mit den Händen einen spitzen
Berg andeuten

doch die Königin,
hat Böses nur im Sinn.
im Takt an die Stirn tippen
Und am Ende aller Tage
quält sie nur noch eine Frage:
ratlos am Kopf kratzen

„Ach, du kleines Spieglein,
du da an der Wand,
wer ist wohl die Schönste
hier im ganzen Land?"
beide Hände als Spiegel vor sich halten und hineinschauen
„Das seid Ihr, Frau Königin,
Ihr seid die Schönste hier.
Doch unser Schneewittchen
ist tausendmal schöner noch als ihr!"
im Takt wütend auf den Boden stampfen

Refrain (2 ×):
Du, da, du, da, du, da, da, da, du, da, da …

Break (2 ×): Hey, Zwerge, hey …

Refrain (2 ×)
Du, da, du, da, du, da, da, da, du, da, da …

Die Noten zu allen Liedern gibt es als kostenlosen
Download unter **www.oekotopia-verlag.de/**
prinzessin-und-piraten.html

Wer ist in unserem Stübchen gewesen?

Material: 8 Gegenstände von S. 83 („Sieben Berge, sieben Zwerge"), roter Schminkstift

Alle Kinder bilden Kleingruppen, optimalerweise mit sieben Kindern. Sie spielen Zwerge und knien sich im Kreis auf den Boden. Für jede Kleingruppe ist ein Elternteil als Spielleitung zuständig.

Die Spielleitung legt die acht Gegenstände in einer Reihe in die Kreismitte und alle Zwergen-Kinder prägen sich die Reihenfolge gut ein.

Sie schließen ihre Augen und die Spielleitung legt einen Gegenstand aus der Reihe an einen anderen Platz. Die Zwergen-Kinder öffnen wieder ihre Augen: Welcher von den Gegenständen steht nicht mehr am gleichen Platz bzw. hat eine Lücke in der Reihe hinterlassen? Wer glaubt, den Gegenstand zu erkennen, hebt die Hand. Die Spielleitung wählt ein Kind aus, das passend zum Gegenstand z. B. sagt: „*Wer trank aus meinem Becherchen?*" oder: „*Wer aß das Gemüschen?*" Hat es den richtigen Gegenstand benannt, bekommt es zur Belohnung eine kleine Zwergenmütze auf die Hand gemalt.

Das Kind stellt den Gegenstand wieder auf seinen Ausgangsplatz zurück und übernimmt in der nächsten Spielrunde die Rolle der Spielleitung. Sobald eines der Kinder sieben Zwergmützen auf seiner Hand hat, ist das Spiel beendet.

♫ Prinzessin Barbie Nr. 10

Nach so vielen Märchen dürfen nun alle Kinder einen Ausflug zu Prinzessin Barbie machen. Hierzu bilden alle einen großen Stuhlkreis.

Material: 1 Leuchtstab pro Prinz, pinkfarbene Chiffontücher

Alle Prinzessinnen, die kein pinkfarbenes Kleidungsstück tragen, bekommen ein Chiffontuch, das sie sich z. B. über die Schultern legen, um den Hals oder das Handgelenk knoten oder aus der Hosentasche heraushängen lassen. Die Prinzen bekommen Leuchtstäbe, die sie zunächst vor ihrem Stuhl ablegen. Der Raum wird etwas abgedunkelt.

1. Ich wünsch' mir einen Prinz,
ich wünsch' mir einen Prinz.
Ich wünsch' mir einen Prinz,
so wie im Märchen.
alle Prinzessinnen deuten im Takt abwechselnd auf ihr Herz und auf einen Prinzen
Mit langem, blondem Haar,
alle Prinzessinnen fassen sich in ihre Haare
das fänd' ich wunderbar!
Zusammen schweben wir
auf Wolke sieben.
7 Finger hochhalten
alle Prinzen klatschen im Takt

Und wenn er mich dann fragt,
was ich denn ganz doll mag:
„Willst du vielleicht ’n Eis?"

die Prinzen heben fragend die Schultern, dazu die Hände
mit den Handflächen nach oben heben

Ruf ich nur: Ach, ne, so’n Sch …!"

die Prinzessinnen winken mit der Hand ab

„Willst du vielleicht ’nen Ball?"

die Prinzen heben fragend die Schultern

Frag ich nur: „Hast du ’nen Knall?"

die Prinzessinnen tippen mit dem Zeigefinger an die Stirn

„Oder willst du vielleicht ’nen Ring?"

die Prinzen heben fragend die Schultern

Schrei ich laut: „Ich mag nur
pink, pink, pink, pink, pink, pink!"

die Prinzessinnen deuten rhythmisch auf ihr pinkfarbenes
Kleidungsstück

Refrain:

Ich bin Prinzessin Barbie,
das weiß doch jedes Kind.

die Prinzessinnen zeigen auf sich selbst

Ich liebe blonde Haare

sie zeigen auf ihre Haare

und Kleider nur in Pink.

sie zeigen auf ihr pinkfarbenes Kleidungsstück

Ich bin Prinzessin Barbie,
das weiß doch jedes Kind.

sie zeigen auf sich selbst

Ich liebe weiße Pferde,

sie halten ihre Hände wie Vorderhufe in die Luft, als wür-
den sie sich wie ein Pferd aufbäumen

alles and’re nur in Pink!

sie zeigen auf ihr pinkfarbenes Kleidungsstück
alle Prinzen bewegen die Leuchtstäbe in der Luft hin und
her

2. Ich wünsch’ mir einen Prinz,
ich wünsch’ mir einen Prinz.
Ich wünsch’ mir einen Prinz,
so wie im Märchen.

alle Prinzessinnen deuten im Takt abwechselnd auf ihr
Herz und auf einen Prinzen

Dann bau’n wir uns ein Schloss,
ein rosa Märchenschloss,

sie deuten mit den Händen eine Schlosssilhouette an

und er wird sich ganz doll
in mich verlieben.

sie zeigen auf einen Prinzen und auf sich selbst
alle Prinzen klatschen im Takt

Und wenn er mich dann fragt …

Refrain: Ich bin Prinzessin Barbie …

 Die Noten zu allen Liedern gibt es als kostenlosen
Download unter **www.oekotopia-verlag.de/**
prinzessin-und-piraten.html

Verkleide-Marathon

Ein wesentliches Element an „Barbie" und „Ken"
ist, dass sie ständig neu eingekleidet werden. Bei
diesem Spiel verkleiden sich die Kinder selbst im-
mer wieder anders.

Material: große Verkleidungskiste mit Hüten,
Schals, Glitzerstoffen etc., Bewegungsmusik
(mind. 5 Min.), Digitalkamera

Eine große Verkleidungskiste wird in die Raummitte gestellt. Zu lockerer Bewegungsmusik haben alle Kinder Zeit bis zum Musikstopp, um
sich ganz schnell neu zu kostümieren. Dafür
reicht schon ein alter Hut und ein buntes Tuch
um die Hüften oder ein schnell übergeworfener
Umhang mit einer Clown-Perücke.

Drückt die Spielleitung die Pausentaste, müssen alle sofort zur Puppe erstarren und reglos stehen bleiben. Erlaubt sind schnell eingenommene passende Posen und witzige Mimik. Die Spielleitung macht ein paar Schnappschüsse mit der Digitalkamera von den „Blitz-Kostümen", und schon geht es weiter mit der Musik.

Die Puppen erwachen wieder zum Leben, die Kinder ziehen ihre Kostüme teilweise oder ganz aus und blitzschnell neue Sachen an, vielleicht auch ein Teil vom Nebenmann, bis zum nächsten Musikstopp. Auf diese Weise wird das Spiel immer weitergeführt, bis das Musikstück zu Ende ist.

Am Ende des Festes werden die Fotos am Computer gemeinsam angesehen und das witzigste Kostüm prämiert.

Tipp: Die Fotos werden in den Tagen nach dem Fest ausgedruckt, auf einen Karton geklebt und in der Einrichtung als Erinnerung ausgehängt.

Variante für jüngere Kinder

Die Kinder probieren ohne Zeitdruck in aller Ruhe drei verschiedene Kostüme aus und lassen sich damit fotografieren.

Königspaar gesucht ● Nr. 10

Material: 1 Gymnastikreifen für die Hälfte der Kinder, schwarze Tücher, Leuchtstäbe

Die Kinder bilden Paare aus Prinz und Prinzessin. Bleiben Prinzessinnen ohne Prinz oder Prinzen ohne Prinzessin übrig, dürfen sich diese mit einem schwarzen Tuch um den Hals in böse Zauberer verwandeln und erhalten einen Leuchtstab als Zauberstab. Bleiben keine Kinder übrig, werden ein beliebiges Mädchen und ein Junge zu Zauberern.

Bis auf ein Königspaar holt sich jedes Paar einen Gymnastikreifen, die im Raum als Schlösser verteilt werden.

Zum Rhythmus der Musik laufen alle Kinder einzeln durch den Raum. Bei Musikstopp springen jeweils ein beliebiger Prinz und eine Prinzessin in ein Reifen-Schloss. Dabei werden sie von den Zauberern gestört und behindert. Die Prinzessin und der Prinz, die keinen freien Reifen mehr finden, scheiden aus.

Die Zauberer entfernen einen Reifen und die nächste Runde startet. Welche Kinder bleiben am Ende als Königspaar übrig?

Ganzkörper-Prinzessin

Material: Tapetenrolle, Bleistifte, Wachsmalstifte, kleine Spiegel

Die Kinder legen sich nacheinander auf den Boden auf eine ausgerollte Tapetenbahn. Die Spielleitung und die Eltern zeichnen die Körper-Umrisse der Kinder ab.

Sie stehen auf und gestalten ihr Ganzkörperbild aus, indem sie sich selbst als Prinzessin oder Prinz mit Krone malen. Hierfür erhalten die Kinder kleine Spiegel, sodass sie ihr Gesicht und ihre Verkleidung besser betrachten können.

Sie schneiden ihr Ganzkörperbild aus, rollen es auf und nehmen es zur Erinnerung an das Fest mit nach Hause.

Ende gut, alles gut!

Bevor die Festgäste nach Hause gehen, singen alle noch einmal wie zu Beginn gemeinsam das Lied „Im Märchenschloss" (→ S. 79). Danach verabschiedet sich die Spielleitung mit Hofknicks oder Diener von den Prinzessinnen, Prinzen und den übrigen geladenen Gästen und wünscht allen einen guten Heimweg.

Piratenfest

Ahoi auf der Seeräuber-Schatzinsel

Kinder verkleiden sich gerne als gefürchtete Piraten, die es gibt, seit Menschen über die Meere segeln. Im Goldenen Zeitalter der Piraterie (ca. 1610–1730) gab es viele Angriffe auf Schiffe, die z. B. mit Gold, Silber, Gewürzen, Tabak oder kostbaren Stoffen beladen waren. Besonders viel Spaß haben Kinder daran, wenn sie ein Piraten-Projekt über einen längeren Zeitraum durchführen und am Ende ein Piratenfest veranstalten dürfen. Dazu begeben sich in diesem Kapitel alle kleinen und großen Piraten auf dem zur Schatzinsel ausgestalteten Außengelände der Einrichtung auf die Suche nach ihrem vergrabenen Schatz. Eine eigens angefertigte Schatzkarte soll helfen, den Schatz wiederzufinden. Am Ende wird auf der Pirateninsel ausgiebig gefeiert, gelacht und getanzt und natürlich über so manches gefährliches Abenteuer auf hoher See berichtet.

Flaschenpost-Einladung

Flaschen waren in Zeiten ohne Telefon und Internet hervorragende Nachrichtenüberbringer und halfen so manchem Seemann in Not.

Material: Milchflasche (oder andere Flasche mit breitem Hals aus durchsichtigem Glas), DIN-A5-Pergamentpapier, Schreibfeder, Tusche oder Tinte, Geschenkband, Edelstein

Während die Kinder ihre Flasche ausspülen und das Etikett entfernen, schreibt die Spielleitung den Einladungstext mit Tusche auf das Pergamentpapier (→ Abb.).

Alle Kinder rollen das fertige Einladungsschreiben zusammen und verschnüren es mit einem schönen Band.

Die Spielleitung schiebt das Schreiben in die Flasche und wirft jeweils heimlich einen Edelstein dazu.

Wo ist der Piratenschatz?
Wenn Du mehr Edelsteine haben und den Schatz finden möchtest, dann musst Du am 20.August um 14 Uhr als Pirat oder Piratin verkleidet in die Grundschule auf die Pirateninsel kommen. Zu dem Piratenfest sind auch Eltern und Geschwister recht herzlich eingeladen!

Kostüme & Schminktipps

PiratenkapitänIn

Den Kapitän kann ein älteres Kind spielen, das die Crew anführt.

Material: weiße Strumpfhose, Kniebundhose, Hemd, braune oder schwarze Stoffweste o. Ä., breiter einfarbiger Stoffschal, 2 schwarze DIN-A4-Tonpapierbögen, Klebstoff, weißer Wachsmalstift, Tacker

Grundkostüm

Das Kapitäns-Kind zieht eine weiße Strumpfhose und darüber eine Kniebundhose an. Dazu trägt es ein Hemd und eine Stoffweste, z. B. in Braun oder Schwarz, sowie ein einfarbiges Stoffband als Gürtel um die Hüfte.

Kapitänshut

Die Schablone wird auf DIN A4 vergrößert kopiert, jeweils auf ein schwarzes Tonpapier übertragen und ausgeschnitten.

Der Totenkopf auf der Schablone wird ausgeschnitten und mittig auf eine der beiden Hutseiten geklebt.

Für den typischen Piraten-Look werden die Hutseiten mit einer dünnen weißen Linie umrandet.

Die Hutseite mit dem Totenkopf wird vor den Kopf des Kindes und die andere Seite dahinter gehalten. Die Spielleitung tackert die Hutteile an den Seiten jeweils zweimal zusammen, sodass der Hut zusammengehalten wird und auf dem Kopf des Kindes richtig sitzt.

PIRATENHUT

PiratIn

Material: 2 Kopftücher, gestreiftes T-Shirt oder weißes, weites Hemd, alte Jeanshose, goldener Ohrclip, schwarze Augenklappen, Theaterschminke

Ein Kopftuch wird zu einem Dreieck gefaltet, um den Kopf gelegt und am Hinterkopf zu einem Piratentuch verknotet.
Die Kinder ziehen dazu ein gestreiftes T-Shirt oder ein weißes, weites Hemd an.
Die Jeanshose wird unter dem Knie abgeschnitten und zusätzlich ausgefranst.
Das zweite Kopftuch wird der Länge nach zusammengerollt und als Gürtel um die Hüfte gebunden.
Dazu tragen die Kinder einen Ohrclip und die schwarze Augenklappe (s. u.).

Schminktipp
Alle **Piraten** erhalten einen Bart und Bartstoppeln und lassen sich die Augenbrauen dunkel nachziehen.
Die **Piratinnen** dagegen bekommen rote Wangen und die Augenlider schwarz gemalt.
Mit der Theaterschminke malen sich die Kinder gegenseitig Anker, Totenköpfe, Schlangen usw. als Tattoos auf den Arm, auf die Waden oder auf den Hals.

Augenklappe

Material: schwarzer Tonkartonbogen, spitze Schere, dünne Gummischnur, weißer Buntstift; evtl. schwarzer Schminkstift

Auf den Tonkarton wird ein Halbkreis mit einem ca. 5 cm großen Durchmesser als Augenklappen-Form gezeichnet, die das Auge gerade eben bedeckt.
Am Rand der Augenklappe wird rechts und links ein Loch mit der spitzen Schere gestochen, durch jedes ein Stück Gummischnur gefädelt und daran verknotet.
Die beiden Fäden werden um den Hinterkopf des Kindes geknotet und die Enden ggf. etwas gekürzt.
Wer mag, malt auf seine Augenklappe mit weißem Stift einen Totenkopf.

Variante für jüngere Kinder
Nicht alle PiratInnen mögen eine gebastelte Augenklappe. Alternativ schminkt die Spielleitung mit schwarzer Farbe eine Augenklappe um das Auge herum.

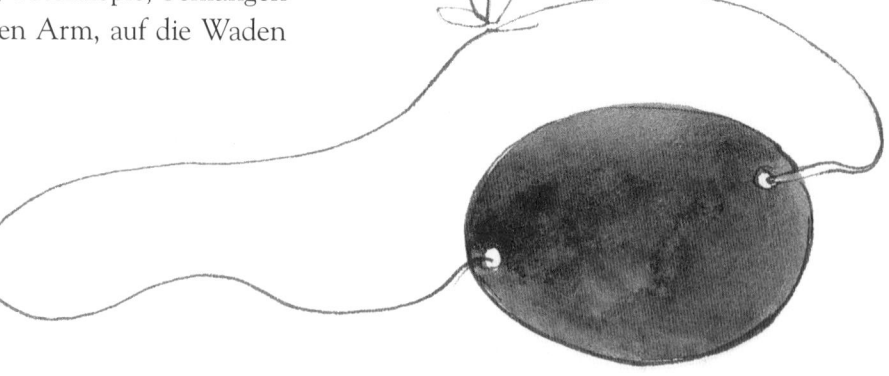

Fernrohr

Material: Küchenrolle, Klebstoff, schwarzer DIN-A4-Tonkartonbogen, weiße Malstifte

Die Papprolle wird mit Klebstoff beschmiert und der Tonkarton um die Papierrolle gewickelt.

Die überstehenden Enden werden einfach in die Öffnung der Rolle geknickt und eingeschlagen.

Auf das Fernrohr malen die PiratInnen nach Belieben z. B. Säbel, Totenköpfe, Anker o. Ä.

PiratInnensäbel

Material: schwarze DIN-A3-Hartpappe, Alufolie, Klebstoff

Die Vorlage wird auf DIN A3 vergrößert kopiert, ausgeschnitten und die Schablone für jedes Kind auf Hartpappe übertragen.

Die Kinder schneiden ihren Säbel aus und überkleben die Säbelschneide mit einem Stück Alufolie.

Die PiratInnensäbel werden am Stoffgürtel getragen (→ S. 91).

PIRATENSÄBEL

Dekoration

Piratenflagge

Material: schwarzes großes Tuch (z. B. halbes Bettlaken), weiße Stoffmalfarbe, dicke Wolle

Die Kinder malen einen riesigen Totenkopf auf das schwarze Tuch. Die Spielleitung schnürt die oberen Ecken zusammen und hängt das Tuch z. B. an einem Klettergerüst oder Baum auf.

Tischdecken

Material: 1 weiße Papiertischdecke pro Tisch, Wachsmalstifte, schwarze Stumpenkerzen, Feuerzeug

Die Kinder malen auf die weißen Papiertischdecken z. B. Totenköpfe, Säbel, Schiffe, Piraten-Flaggen und Anker.
Mit viel Tropfwachs kleben sie direkt auf die Tischdecken schwarze Stumpenkerzen zur Beleuchtung.

Flaschenpost-Klangspiel

Material: 2 Milchflaschen o. Ä. ohne Etikett pro Kind, Glasmalfarbe, Schnüre

Jedes Kind malt auf seine beiden Flaschen mit Glasmalfarben zunächst ein Motiv, z. B. einen Piratensäbel oder einen Totenkopf, und malt den Rest der Flasche flächig aus, sodass die Flaschen im Sonnenlicht bunt leuchten. Die Flaschenöffnung wird nicht bemalt.

Die Hälfte der Flaschen verwenden die Kinder als Trinkflaschen (➜ S. 96). Um den Hals der anderen Flaschen wird eine Schnur geknotet. Vier bis fünf Flaschen werden draußen nah beisammen an einen Ast oder ans Klettergerüst gehängt. So entsteht ein Klangspiel, das im Wind klimpert und in der Sonne bunt leuchtet.

Schatzkarte

Material: 1 DIN-A3-Pergamentpapier, Schreibfeder, schwarze Tusche oder Tinte, Feuerzeug, Geschenkband

Die Spielleitung überträgt die Schatzkartenvorlage mit allen sechs Stationen (➜ Abb.) auf das Pergamentpapier. Damit die Schatzkarte so richtig alt aussieht, sengt die Spielleitung die Ränder des Pergamentpapiers an, zerknittert und reißt es leicht ein. Danach wird die Schatzkarte zusammengerollt und mit einem Band verschnürt.

Schatzkiste

Material: großer Schuhkarton, goldene Papierschnipsel, Klebstoff, jede Menge Edelsteine, 1 Goldschoko-Taler pro Kind

Die Kinder bekleben den Schuhkarton und den Deckel mit goldenen Papierschnipseln, sodass keine andere Farbe mehr zu sehen ist.
In die Schatzkiste legt die Spielleitung jede Menge Edelsteine und goldene Schokotaler.

Essen & Trinken

Gefüllte Piratenboote

Piraten aßen kein Drei-Gänge-Menü, sondern mussten sich mit einer einfachen Küche an Bord begnügen. Auch haben sie gerne mit den Fingern gegessen, sodass auf dem Fest Häppchen & Fingerfood wie z. B. Fischstäbchen, Käsewürfel, Chicken-Nuggets, Hackbällchen oder saure Gurken angeboten werden können. Besonders gut passen zu einem Piratenfest auch die gefüllten Piratenboote.

Zutaten für 10 Kinder: 1 Päckchen tiefgekühlter Blätterteig (in Scheiben), 500 g tiefgefrorener Blattspinat, 250 g Schafskäse

Die Spielleitung lässt Blätterteig und Spinat auftauen.
Sie halbiert die Blätterteigscheiben, legt je zwei aufeinander und schneidet die Ränder so ab, dass ein Bootsrumpf entsteht.
Die obere Blätterteigscheibe wird zur Seite gelegt und auf die untere mittig etwas Spinat und Schafskäse gefüllt.
Die zweite Scheibe wird darüber gebreitet und alle Ränder werden mit der Gabel angedrückt.
Die gefüllten Piratenboote werden im vorgeheizten Backofen bei 180 °C ca. 20 Min. goldbraun gebacken. Sie schmecken warm – und kalt!

Obstspieße der Saison

Zum Nachtisch gibt es speziell etwas gegen Vitaminmangel, unter dem Piraten oftmals aufgrund ihrer langen Schiffsfahrten litten, bei denen es wochenlang kein frisches Obst und Gemüse an Bord gab.

Zutaten: Obst der Saison
Material: Schaschlikspieße, große Platte

Die Kinder schneiden das Obst gemeinsam mit der Spielleitung in grobe Stücke.
Jedes Kind erhält einen Schaschlikspieß, auf den es mehrere Obststücke nacheinander aufspießt.
Alle Spieße werden dekorativ auf einer großen Platte angerichtet.

Getränke aus der Flaschenpost

Zutaten für 10 Kinder: 1 Flasche Apfelsaft, 1 Flasche Mineralwasser
Material: 1 Flaschenpost pro Kind (➜ S. 94)

Alle PiratInnen lassen sich ihre bemalte Flasche von der Spielleitung mit Apfelsaftschorle oder Wasser füllen. Aus der Flasche schmeckt alles gleich nochmal so gut!

Das Fest beginnt

Alle Kinder verkleiden sich unmittelbar vor Festbeginn als PiratInnen. Sind alle kostümiert, singen und spielen sie den Eltern zur Einstimmung das Lied „Hey, ho, Piraten" vor.

♫ Hey, ho, Piraten ● Nr. 12

Alle Kinder bilden direkt vor der großen Piratenflagge (→ S. 94) mit ihren Säbeln im Gürtel einen Halbkreis. Das Kapitäns-Kind steht zwischen den Kindern in der Mitte. Die Eltern sitzen ca. 3 m entfernt an den Tischen, sodass sie die Gruppe gut sehen können.

Strophe

Wer kennt die meisten Flüche
und fährt weit übers Meer?
das Kapitäns-Kind rudert im Takt mit den Armen
Die Piraten! Die Piraten!
alle strecken ihre Säbel in die Luft und schwenken sie rhythmisch nach rechts und links
Wer klaut dem König Schätze
und gibt sie nicht mehr her?
das Kapitäns-Kind versteckt pantomimisch etwas hinter seinem Rücken
Die Piraten! Die Piraten!
s. o.
Wer trägt 'ne Augenklappe
und hat 'ne Hakenhand?
das Kapitäns-Kind deutet auf seine Augenklappe; es zieht einen Ärmel über seine Faust und lässt Zeige- und Mittelfinger als Haken hervorschauen
Wer wird gefürchtet auf dem Meer
und geht nicht gern an Land?
das Kapitäns-Kind deutet im Takt auf die PiratInnen
Die Piraten! Die Piraten!
s. o.

Refrain

Wir segeln über Meere
und wir rudern durch ein Riff.

alle gehen mit kleinen Schritten im Takt mit Ruderbewe-
gungen auf das Publikum zu

Besiegen den Klabautermann
und entern uns ein Schiff.

alle gehen mit erhobenen Säbeln drohend auf das Publi-
kum zu

Wir zieh'n die schwarzen Segel hoch
und reiten übers Meer.

alle gehen rückwärts und ziehen pantomimisch die Segel
hoch

Wir heben uns'ren Schatz an Bord,
denn wir sind Seeräuber,
denn wir sind Seeräuber.

alle bleiben stehen, halten sich an den Händen und he-
ben ihre Arme mit den Säbeln in die Luft

Strophe

Wer kennt die meisten Flüche …

Refrain (2 ×)

Wir segeln über Meere …

 Die Noten zu allen Liedern gibt es als kostenlosen
Download unter **www.oekotopia-verlag.de/**
prinzessin-und-piraten.html

PiratInnen auf Schatzsuche

Nach der Darbietung holt sich das Kapitäns-Kind
die Schatzkarte und läutet die Schiffsglocke. Es be-
grüßt alle Gäste und teilt ihnen mit, dass sie nun
in das Rettungsboot steigen, um zur Pirateninsel zu
rudern. Dazu setzt sich das Kapitäns-Kind mit sei-
nen PiratInnen hintereinander auf den Boden und
alle tun so, als ob sie rudern würden.

Material: Tischglocke, Schatzkarte (➜ S. 94),
langes Tau, ca. 6 Palmen im Blumentopf o. Ä.,
3 Gymnastikseile, Klettergerüst oder Leiter,
Fernrohr (➜ S. 93), mehrere große Steine,
3 Tische, Sandkasten, Schatzkiste (➜ S. 94),
viele Muscheln

Vorbereitung

Die Spielleitung baut alle Stationen im Freien
mit möglichst viel Abstand zueinander auf.
Station 1: Das Tau wird auf dem Boden ausgebreitet.
Station 2: Einige Palmen werden in eine Reihe
gestellt zum Slalomlauf. Zwischen den Palmen
werden zusätzlich Seile als Schlangen ausgelegt.
Station 3: Falls kein Klettergerüst vorhanden
ist, wird eine Leiter an einen Baum gelehnt.
Am Fuß des Klettergerüsts bzw. der Leiter liegt
das Fernrohr bereit.
Station 4: Die Steine werden als Hindernisse
nacheinander auf den Boden gelegt.
Station 5: Die Tische werden in einer Reihe
mit etwas Abstand zueinander aufgestellt. Auf
jeden Tisch wird etwas Sand zu einem kleinen
Hügel aufgehäuft.
Station 6: Die Schatzkiste wird möglichst tief
im Sandkasten vergraben. Zudem werden Muscheln vergraben und um den Sandkasten herum verteilt.

Spielablauf

Alle PiratInnen sind nach dem Rudermanöver
wohlbehalten auf der Pirateninsel angekommen. Sie kommen kurz im Kreis zusammen und
das Kapitäns-Kind breitet die Schatzkarte aus.
Alle PiratInnen versuchen die unbekannte
Karte zu entziffern und beratschlagen, wie sie
ihren Weg zum Schatz finden könnten und welche Hindernisse sie dabei überwinden müssen.

Die Kinder gehen nacheinander im Slalom um die Palmen herum und schwingen dabei ihre Säbel durch die Luft. Zudem müssen sie sehr aufmerksam sein, um nicht auf die Seile zu treten.

Station 3: *„Wir gehen weiter und hören ein Geräusch. Ist es ein Tiergeräusch oder werden wir am Ende sogar verfolgt? Wir klettern auf eine Palme und halten Ausschau nach möglichen Verfolgern. Dazu benutzen wir unser Fernrohr."*

Die Kinder klettern nacheinander mit dem Fernrohr auf das Klettergerüst oder auf die Leiter, die von einem Erwachsenen gehalten wird. Weil sie jedoch nichts Auffälliges erkennen können, klettern sie wieder herunter. Sie schauen auf ihre Schatzkarte und erkennen, dass der Weg nun sehr steinig wird.

Station 4: *„Wir gehen so lange weiter, bis wir von Ferne einen sehr steinigen Strand entdecken."*

Die Kinder springen nacheinander über die Steine.

Station 5: *„Nach einer Weile gehen wir auf weichen Sandstrand und schauen auf unsere Schatzkarte, auf der einige Hügel zu erkennen sind. Wir blicken auf und stehen schon vor dem ersten Sandhügel, den es zu überwinden gilt."*

Die Kinder klettern einzeln über die Tische und springen auf der anderen Seite wieder herunter.

Station 6: *„Wir blicken auf unsere Schatzkarte und erkennen, dass am Ende des Wegs der Schatz abgebildet ist. Drum herum ist ein weißer Strand mit Muscheln zu sehen. Hier muss der Schatz vergraben sein – und wir graben ihn jetzt aus!"*

Die Kinder graben die Schatzkiste im Sandkasten gemeinsam mit den Händen aus. Konnten sie den Schatz heben, jubeln alle PiratInnen und schwenken ihre Säbel in der Luft. Zur Belohnung erhalten alle einen Goldtaler.

Die Spielleitung erzählt ihnen die folgende Geschichte, mit der sie die Kinder von Station zu Station führt.

Station 1: *„Miteinander werden wir nun den Piratenschatz auf der Pirateninsel suchen. Dazu schauen wir zunächst auf unsere Schatzkarte und suchen den eingezeichneten Steg, der uns in Richtung Schatz führt."*

Die Kinder balancieren nacheinander über das Seil, das sie zur nächsten Station führt.

Station 2: *„Wir gehen ein Stück des Weges und stoßen auf ein Gebiet, das dicht von Palmen bewachsen ist. Hier kommen wir nicht ohne unsere Piratensäbel weiter: Wir müssen uns den Weg freischlagen! Und Achtung: Tretet nicht auf die schlafenden Schlangen auf dem Boden zwischen den Palmen!"*

♫ Wir sind Piraten ◉ Nr. 11

Nach der Schatzsuche haben sich alle PiratInnen eine Stärkung verdient! Gemeinsam veranstalten sie ein großes Picknick auf der Schatzinsel mit Piratenbooten, Obstspießen und Flaschenpost-Getränken (→ S. 96).
Nach dem Picknick bittet die Spielleitung alle Kinder, direkt neben der großen Piratenflagge einen Kreis zu bilden. Dort erzählen sich alle mit dem folgenden Lied ihre sagenhaften Abenteuer.

1. Sie fahren raus aufs blaue Meer
und keiner weiß, wo kommen sie her.
Die Flagge schwarz mit Totenkopf
und vorn am Bug 'nen Drachenkopf.
auf die Flagge deuten, mit den Händen ein Drachenmaul darstellen

Und ein Sturm zieht auf
mit Gewitterfront
und das Meer, das schäumt,
wenn der Käpt'n kommt.
Und ein Blitz schlägt ein,
man hört den Käpt'n schrei'n:
„Männer, pullt!"
große Wellenbewegungen mit den Armen machen; das Kapitäns-Kind geht in die Mitte und läuft gestikulierend von einem Piraten zum anderen

Refrain 1
||: Holt die Segel ein, holt die Segel ein,
sonst macht der Wind die Segel klein. :||
pantomimisch die Segel raffen
Und der Käpt'n tobt und schreit!
das Kapitäns-Kind stampft wütend im Takt auf den Boden
||: Holt die Flagge schnell vom Mast,
sonst ist die letzte Chance verpasst! :||
pantomimisch die Segel raffen
Ohohoho, wir sind tapfer, wir sind stark!
Wir sind Männer, wir sind beinhart!
Uns're Meute sucht nach Beute!
Wir sind Piraten!
Armmuskeln zeigen und die Säbel rhythmisch in die Luft strecken

2. Die Nacht ist schwarz, die Möwen schrei'n.
Der Wal, der bläst im Mondenschein.
Ein fremdes Schiff am Horizont,
das aus der Ferne näher kommt.
Flug- und Schwimmbewegungen machen, mit einer Hand an der Stirn Ausschau halten
Und ein Sturm zieht auf …
s. o.

Refrain 2
||: Macht die Kanonen klar,
macht die Kanonen klar,
die Sicht klart auf, ein Schiff ist da. :||
rhythmisch mit einer Faust auf die andere schlagen zum Kanonenstopfen
Und der Käpt'n tobt und schreit!
das Kapitäns-Kind stampft wütend im Takt auf den Boden
||: Holt die Ruder schnell an Bord,
sonst nimmt das Meer sie mit sich fort! :||
pantomimisch die Ruder an Bord holen
Ohohoho, wir sind tapfer, wir sind stark …
s. o.

Refrain 3

Holt die Segel ein, holt die Segel ein,
sonst macht der Wind die Segel klein!
pantomimisch die Segel raffen
Holt die Flagge schnell vom Mast,
sonst ist die letzte Chance verpasst!
pantomimisch die Segel raffen
Macht die Kanonen klar,
macht die Kanonen klar,
die Sicht klart auf, ein Schiff ist da.
*rhythmisch mit einer Faust auf die andere schlagen zum
Kanonenstopfen*
Holt die Ruder schnell an Bord,
sonst nimmt das Meer sie mit sich fort!
pantomimisch die Ruder an Bord holen
Wir sind Piraten!
Armmuskeln zeigen und die Säbel in die Luft strecken

 Die Noten zu allen Liedern gibt es als kostenlosen
Download unter **www.oekotopia-verlag.de/
prinzessin-und-piraten.html**

Überall ist Wasser!

*Die See ist sehr stürmisch. Nachdem die Piraten
die Segel eingeholt und die Flaggen schnell vom
Mast genommen haben, stellen sie fest, dass sich
auf dem Deck ganz viel Wasser befindet. Nun
müssen sie ihre Ärmel hochkrempeln und das
Wasser blitzschnell ins Meer zurück befördern.*

Material: 2 Plastikwannen, farbiges Klebeband, kleiner Eimer, Stoppuhr

Die Spielleitung füllt eine Plastikwanne mit
Wasser und markiert mit dem Klebeband den
Wasserstand. Alle PiratInnen stellen sich in einer Reihe neben der Wanne auf und neben das
letzte Kind wird die zweite Wanne gestellt.
Das Kind, das direkt neben der Wasserwanne
steht, erhält einen leeren Eimer.
Erfolgt das Startsignal durch die Spielleitung,
schöpft das Kind mit dem Eimer möglichst viel
Wasser aus der Wanne. Es übergibt den Eimer
dem Kind neben ihm, das ihn weiter durch die
Reihe reicht, bis der Eimer beim letzten Kind
angekommen ist. Dieses schüttet das Wasser
ins Meer, also in die leere Wanne, zurück und
gibt den Eimer in umgekehrter Reihenfolge
wieder zurück.
Auf diese Weise wird das Spiel immer weitergeführt, bis in der ersten Wanne deutlich weniger
als die Hälfte des Wassers ist – oder nach 3 Min.
die Zeit abgelaufen ist. Im ersten Fall haben die
PiratInnen das Spiel gewonnen!

Riesenkrake

Alle PiratInnen sind auf hoher See und erschrecken sehr, als plötzlich im Meer direkt vor ihnen ein Riesenkrake auftaucht und nach ihren Füßen schnappt. Wer wird den Fangarmen entkommen?

Material: 2 lange Springseile

Alle PiratInnen bilden einen engen Kreis. Die Spielleitung spielt den Riesenkraken und stellt sich mit den beiden Seilen in die Mitte. Sie hält jedes Seil in einer Hand an einem Ende auf Wadenhöhe fest und dreht sich mit weit zur Seite ausgestreckten Armen um die eigene Achse. Dabei werden die Seile im Kreis herumgeschleudert, sodass die Fangarme des Kraken nach den Beinen der PiratInnen schnappen.
Um sich zu retten, springen alle in die Luft, wenn sich die Seilarme ihren Füßen nähern. Wird ein Kinderfuß berührt und bleibt ein Seil hängen, scheidet das Kind aus. Die drei PiratInnen, die am Ende noch übrig sind, sind den Fangarmen entkommen und haben das Spiel gewonnen!
Tipp: Spielen viele Kinder mit, gibt es mehrere Riesenkraken-Kreise.

Mann über Bord

Es kann immer wieder vorkommen, dass ein Pirat vom Schiff direkt ins Meer stürzt, denn die See kann sehr stürmisch sein! Deshalb müssen die PiratInnen trainieren, die Männer – oder Frauen – über Bord so schnell und geschickt wie möglich zu retten!

Material pro Kleingruppe: Springseil, blaues Tuch, Schwimmreifen (o. Ä.); evtl. Gymnastikreifen

Die Kinder bilden Kleingruppen mit max. sechs Kindern. Für jede Gruppe legt die Spielleitung ein langes Springseil der Länge nach auf den Boden, hinter dem alle Kinder eine Reihe bilden.
Sie breitet 2 bis 3 m vom Seil entfernt jeweils ein blaues Tuch aus, auf das sich ein Kind aus jeder Gruppe als „Mann/Frau über Bord" mit seinem Piratensäbel stellt und mit den Armen Schwimmbewegungen macht.

Damit der Schiffbrüchige gerettet werden kann, werfen ihm die PiratInnen aus seiner Gruppe der Reihe nach einen Rettungsreifen zu, den er zu fangen versucht. Alle PiratInnen haben je einen Wurfversuch. Treffen mind. zwei PiratInnen den Schiffbrüchigen mit dem Reifen, treten die beiden PiratInnen noch einmal gegeneinander an. Steht ein Kind als Rettungs-GewinnerIn fest, tauscht es mit dem Schiffbrüchigen den Platz und das Spiel beginnt erneut. Nach drei Runden ist das Spiel beendet.

Variante für ältere Kinder

Rettungs-GewinnerIn wird hier, wer es schafft, wie beim Ringewerfen einen Gymnastikreifen über den – diesmal stillstehenden – Schiffbrüchigen zu werfen, sodass er in der Mitte des Reifens steht. Dafür stellen sich alle PiratInnen ca. 1 m von ihm entfernt auf.

Verfeindete PiratInnen

Bei dem folgenden Rangelspiel lernen die Kinder miteinander nach klaren, fairen Regeln zu kämpfen.

Material: 12 Springseile, Tischglocke

Aus den Seilen legt die Spielleitung den Umriss von zwei oder drei Booten auf den Boden. Zwei verfeindete PiratInnen treten jeweils auf einem Schiff gegeneinander an und versuchen sich gegenseitig von Bord zu stoßen. Dazu verschränken sie die Arme vor der Brust und stellen sich in der Mitte des Schiffs direkt voreinander auf, sodass sich ihre Arme berühren. Auf das Schiffsglocken-Signal des Kapitäns-Kindes hin versuchen sich die kämpfenden PiratInnen gegenseitig zum Schiffsrand zu drängen, indem sie sich mit dem ganzen Körper gegeneinander stemmen und hin und her schieben.

Wer zuerst mit einem Fuß über die Seil-Begrenzung tritt, geht über Bord und hat diese Runde verloren. Danach treten weitere verfeindete PiratInnen auf den Booten gegeneinander an. Wenn die Kinder Lust haben, folgt am Ende ein Stechen: Alle GewinnerInnen aus der ersten Runde treten gegeneinander an, bis nach einigen Runden ein Gewinner übrig bleibt.

Tipp: Die Spielleitung achtet darauf, dass möglichst Kinder gegeneinander antreten, die einander körperlich gewachsen sind.

Macht die Kanonen klar!

Das Piratenschiff ist auf hoher See und will alle ge-sichteten Schiffe entern, die kostbare Güter gela-den haben.

Material: viele Softbälle

Je zwei Kinder reichen sich gegenseitig ihre Hände. Sie spielen ein Schiff und laufen mitei-nander durch den Raum oder im Garten he-rum. Das Kapitäns-Kind erhält den Softball als Kanonenkugel für sein Piratenschiff.
Die Spielleitung sagt folgende Liedzeile aus dem Lied „Wir sind Piraten" (➔ S. 100) auf:
„Macht die Kanonen klar,
macht die Kanonen klar,
die Sicht klart auf, ein Schiff ist da."
Kaum ist der Satz beendet, läuft das Kapitäns-Kind los, um den Ball auf eines der Schiffe zu werfen. Wurde ein Kind mit dem Ball berührt, holt es sich gemeinsam mit seinem Partnerkind jeweils einen neuen Ball. Das gilt auch, wenn sich zwei Kinder beim Laufen aus Versehen ge-genseitig loslassen.
In der nächsten Runde versuchen sie ebenfalls ein Schiff zu treffen. Welches Schiff bleibt am Ende übrig?

Wer hat den Schatz? Nr. 12

Das folgende Spiel verläuft so ähnlich wie das tra-ditionelle Kinderspiel „Taler, Taler, du musst wan-dern" und eignet sich hervorragend für das Fest-ende, bei dem die Kinder den Schatz gerecht aufteilen können.

Material: Schatzkiste (➔ S. 94)

Alle Kinder bilden einen engen Kreis. Die Spielleitung stellt die Schatzkiste für alle gut sichtbar in die Mitte und ein Kind stellt sich da-neben. Die Spielleitung nimmt einen Edelstein aus der Kiste heraus und gibt ihn einem Kind auf der Kreisbahn.
Alle Kinder halten ihre Hände hinter den Rü-cken und lassen den Stein von Hand zu Hand wandern. Dazu singen sie laut den letzten Re-frain des Lieds „He, ho, Piraten" (➔ S. 97):
Wir segeln über Meere
und wir rudern durch ein Riff.
Besiegen den Klabautermann
und entern uns ein Schiff.
Wir zieh'n die schwarzen Segel hoch
und reiten übers Meer.
Wir heben uns'ren Schatz an Bord,
denn wir sind Seeräuber,
denn wir sind Seeräuber.

Ist der Refrain beendet, geht das Kind in der
Mitte auf das Kind zu, das seiner Meinung nach
gerade den Edelstein in den Händen hält.
Stimmt die Vermutung, darf es den Edelstein in
die Hosentasche schieben und mit dem Kind
den Platz tauschen. Falls nicht, darf es weiter-
raten, bis es den Stein findet.

Auf diese Weise wird das Spiel so lange fortge-
setzt, bis alle PiratInnen einen Stein haben.
Der Rest des Schatzes wird gerecht unter den
Kindern aufgeteilt oder an das Publikum ver-
schenkt.

Tipp: Hat ein Kind einen Stein im Kreis hinter
dem Rücken versteckt, das selbst schon einen
Stein in der Hosentasche hat, lässt es einem
Kind ohne Stein den Vortritt.

Ahoi, wir stechen in See!

Wurde der Schatz gerecht aufgeteilt, tritt das
Kapitäns-Kind mit seiner Crew vor die Eltern.
Alle steigen pantomimisch in ein Boot und setzen sich hintereinander auf den Boden. Dazu
machen sie Ruderbewegen und sagen zum Abschied:

„Ist unser Piratenfest dann aus,
gehen alle ganz vergnügt nach Haus'.
Wir Piraten-Kinder segeln nun fort
zu einem ganz fernen schönen Ort.
Ahoi, ahoi, ahoi!"

Gespensterfest

Gruselspaß & Geistertanz zu Halloween

Kinder haben großen Spaß daran, sich in gruselige Gespenster zu verwandeln und damit andere Leute zu erschrecken. Der Herbst mit seinen langen dunklen Nächten lädt förmlich zu einem Gespensterfest ein – nicht nur, aber auch zu Halloween, das in der letzten Ok-

Viele kleine Geister sind bei uns im Haus und kommen erst zur Geisterstunde dort heraus. Sie wollen tanzen, gruselig sein, spuken und auch lachen, Bonbons sammeln, Ketten rasseln und lauter solche Sachen.

Das Gespensterfest findet am 31. Oktober um 17 Uhr in der Kita "Gespensterschreck" statt. Alle Kinder und Geschwisterkinder werden vor Ort als Gespenster verkleidet.

Alle Gespenster freuen sich schon heute auf alle großen und kleinen Gäste.

tobernacht stattfindet und seine Wurzeln in der keltisch-germanischen Tradition hat.

In diesem Kapitel wurde bewusst auf besonders schreckliche Monster und Vampire verzichtet, sodass sich jüngere (Geschwister-)Kinder nicht zu fürchten brauchen. Die geheimnisvollen Spiele im Dunkeln und schaurig-lustigen Mitmachlieder, aber auch andere schauerhafte Angebote sorgen für jede Menge Gruselspaß. Darüber hinaus dürfen alle Kinder als Gespenster verkleidet bei Anbruch der Dunkelheit einen kurzen Umzug um die Häuserblöcke veranstalten und von den Nachbarn eine kleine Gabe erbitten.

Gespenster-Einladung

Material: weißer DIN-A5-Tonkartonbogen, schwarzer DIN-A4-Tonkartonbogen, Alleskleber, schwarze Filzstifte oder 2 selbstklebende Wackelaugen, weißer Buntstift

Die Spielleitung überträgt für jedes Kind die Gespenster-Vorlage von S. 106 auf einen weißen Tonkarton.

Jedes Kind legt seinen schwarzen Tonkartonbogen quer vor sich hin und faltet ihn einmal in der Mitte zu einer Karte.

Es schneidet aus dem weißen Tonkarton das Gespenst aus und klebt es auf die vordere Seite des schwarzen Tonkartons.

Das Gespenst bekommt zwei schwarze Augen und einen Mund. Alternativ zu den gemalten Augen werden zwei lustige Wackelaugen aufgeklebt.

Die Spielleitung ergänzt innen in den Karten den Einladungstext (➜ Abb.).

Kostüme & Schminktipps

Gespenster

Material: weiße Strumpfhose oder Leggins, weißes Leintuch, Seil, alte Schlüssel oder kleine Glöckchen, Wolle; evtl. weißes Erwachsenen-T-Shirt, weißes Haarspray, weißer Stoffstreifen (ca. 60 × 12 cm), Theaterschminke

Alle Kinder ziehen sich eine weiße Strumpfhose oder Leggins an und erhalten ein weißes Leintuch zum Überstülpen.

Die Spielleitung kennzeichnet die Position von Augen und Mund jedes Kindes von außen auf dessen Tuch.

Die Kinder nehmen ihr Tuch ab und schneiden die Augenhöhlen und den Mund aus.

Sie ziehen das Gespensterkostüm wieder an und binden um die Taille eine Kordel. Daran lassen sich mit einem Wollfaden ein paar alte Schlüssel oder kleine Glöckchen befestigen.

Tipp: Auch die Spielleitung fertigt sich einen eigenen Gespensterumhang an, den sie jederzeit schnell überstülpen kann.

Variante

Anstelle des Leintuchs ziehen die Kinder ein weißes Erwachsenen-T-Shirt an, um das sie ebenfalls eine Kordel mit Schlüsseln oder Glöckchen befestigen können.

Dazu sprühen sie sich die Haare mit weißem Haarspray ein. Zusätzlich binden sie sich den weißen Stoff als breites Haarband um den Kopf.

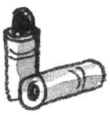

Schminktipp

Das Gesicht der T-Shirt-Gespenster wird weiß geschminkt, sodass es ganz fahl wirkt. Auf den Wangen werden Spinnennetze und eine kleine Spinne aufgemalt.

Die Lippen werden schwarz angemalt – fertig sind die Grusel-Gespenster!

Dekoration

Kleine Gespenster

Material: weiße Stoffreste, Wattekugeln (ca. 3,5–4 cm Ø), schwarze Stoffmalfarbe, Nähsachen; evtl. weiße Geschirrtücher, graue oder schwarze Wolle

Die Kinder schneiden die Stoffreste in verschiedenen Größen quadratisch zu, mind. aber so groß wie ein Papiertaschentuch.

Sie stülpen ein Tuch mittig über eine Wattekugel und binden diese mit einem Stück Faden ab, sodass ein Gespenst mit Kugelkopf und Flatterumhang entsteht.

Auf den Kopf zeichnen sie Augen und Mund auf.

Damit die Gespenster überall im Raum aufgehängt werden können, nähen sie an jedes Gespenst einen Faden.

Variante

Die Kinder verkleiden die Puppen aus der Puppenecke als Gespenster, und zwar auf die gleiche Weise wie beim Gespenster-Umhang (→ S. 107). Hierfür eignen sich weiße Geschirrtücher, aus denen Augen und Mund ausgeschnitten werden. Mit einem Wollfaden wird der Umhang um die Taille der Puppen festgebunden und die Gespenster-Puppen werden überall im Raum verteilt.

Spinnweben und Spinnen

Material: künstliche Spinnweben, Luft härtende Modelliermasse, braune und schwarze Acrylfarbe, Pinsel; evtl. Klarlack

Die künstlichen Spinnweben werden möglichst lang ausgezogen, sodass sie besonders realistisch aussehen.
Aus der Modelliermasse formen die Kinder Spinnen und malen sie nach dem Trocknen mit brauner oder schwarzer Farbe an.

Ist die Farbe getrocknet, überziehen sie die Spinnen ggf. mit Klarlack.
Die Spinnen werden mit den Spinnweben überall im Raum verteilt.

Fledermäuse

Material: schwarzer DIN-A4-Fotokartonbogen, gelbe Papierschnipsel, Klebstoff, 2 kleine Wackelaugen, doppelseitiges Klebeband

Die Spielleitung kopiert mehrmals die Vorlage auf DIN A4 vergrößert. Die Kinder schneiden die Fledermäuse aus und benutzen sie als Schablone, die sie auf je einen schwarzen Fotokarton legen.
Jedes Kind zeichnet den Umriss der Fledermaus ab und schneidet sie aus.
Der Körper der Fledermaus wird mit gelben Papierschnipseln beklebt.
Dazu werden am Kopf zwei Wackelaugen aufgeklebt.
Mit doppelseitigem Klebeband werden die Fledermäuse überall im Raum an die Wände geklebt.

Gespenster-Schwarzlichtbühne

Material: 4–6 schwarze Leintücher, Leuchtsterne, neongelbes Tuch, doppelseitiges Klebeband, 2–3 Schwarzlichtlampen (Elektrohandel, Baumarkt)

Vor einer Wand im Festraum wird eine kleine Bühne mit einem schwarzen Hintergrund aus Leintüchern aufgebaut.
Auf diesen Hintergrund werden Leuchtsterne geklebt und ein neongelbes Tuch zu einem Mond geformt und aufgehängt.
Zwei bis drei Schwarzlichtlampen oben und unten am Bühnenrand lassen die weißen Gespensterkostüme, die Leuchtsterne und den Mond im ultravioletten Licht erstrahlen.

Tipp: Schwarzlichtlampen senden UVA-Strahlen aus, deren Wirkung auf Augen und Haut in sehr geringem Maße schädlich sein kann. Deshalb sollten Kinder nicht zu nah an den Lampen stehen und nicht länger als 15 Min. am Stück im Schwarzlicht spielen.

Gruselige Tischlichter

Material: 1 Babynahrungs-, Marmeladen- oder Einmachglas pro Kind, Window-Color, Pinsel, Teelichter, Feuerzeug

Die Kinder waschen die Gläser aus und entfernen ggf. die Etiketten.
Sie bemalen die Gläser mit Gruselmotiven wie z. B. Spinnen, Fledermäusen, Gespenstern oder Blutstropfen. In jedes Glas stellen sie ein Teelicht, das sie später anzünden.

Essen & Trinken

Nachtgespenst-Brot

Zutaten für 1 Brot: 1 dunkle Vollkornbrotscheibe, Butter, 1 Scheibe Käse (z. B. Ziegenkäse), 1 kleine saure Gurke
Material: Pizzateigschneider, Fingerhut

Das dunkle Brot wird mit Butter bestrichen. Aus der Käsescheibe wird mit dem Pizzateigschneider der Umriss eines möglichst großen Gespenstes ausgeschnitten.

Mit dem Fingerhut werden zwei Löcher als Augen in das Gespenst gestochen. Die Käsereste wandern am besten gleich in den Mund.

Die Brotscheibe wird mit dem Gespenst belegt. Eine kleine saure Gurke wird längs halbiert und mit der flachen Seite als Mund auf dem Gespenst ergänzt.

Tipp: Es werden so viele Brote geschmiert, dass sie für alle Festgäste als Imbiss zwischendurch reichen.

Fledermausblut-Drink

Zutaten für 12 Kinder: 1 Flasche roter Traubensaft (oder Johannisbeer- oder Tomatensaft)
Material: weiße Tonkartonbögen, schwarzer Filzstift, doppelseitiges Klebeband, 1 breiter Strohhalm pro Kind

Die Kinder zeichnen auf die weißen Tonkartonbögen fingerlange Gespenster auf, die sie ausschneiden.

Sie malen Augen und Mund dazu und kleben die Gespenster mit doppelseitigem Klebeband auf je einen Strohhalm.

Als Getränk bietet sich roter Saft an: echtes Fledermausblut!

Das Fest beginnt

Sind die Festgäste in der Einrichtung angekommen und alle Kinder als Gespenster verkleidet, führen sie den Eltern zum Auftakt den Hui-buh-Geistertanz mit Schwarzlicht-Show vor.

♪ Hui-buh-Geistertanz 💿 Nr. 5

Material: 2 weiße Langarm-Shirts (Baumwolle), 2 Paar weiße Handschuhe, 2 schwarze Hosen, 2 Paar schwarze Socken

Zwei Kinder legen ihr Gespensterkostüm ab, ziehen sich jeweils ein weißes Langarm-Shirt an, weiße Handschuhe, eine schwarze Hose und schwarze Socken und stellen sich damit auf die Bühne. Der Raum wird verdunkelt und die Schwarzlichtlampen werden eingeschaltet.

Strophe
Schau mal zur Tür,
schau mal zum Fenster.
die beiden Kinder stehen mit Abstand zueinander, halten eine Hand an die Stirn und drehen sich nach allen Seiten zum Ausschauhalten
Wo du auch hinschaust,
siehst du nur Gespenster!
zwei Gespenster-Kinder treten rechts und links von den beiden Kindern auf die Bühne, sie gehen mit langsamen, fließenden Bewegungen seitlich aufeinander zu, als ob sie schweben würden, die beiden Kinder schauen ihnen mit offenem Mund und aufgerissenen Augen zu
Hui-hu! Hui-hu! Hui-buh!
beide Gespenster laufen zur Bühnenkante, um das Publikum zu erschrecken

Zwei kleine Geister,
die spuken durch die Nacht.
Der eine schreit
und der andere lacht.
ein Gespenst hält beide Hände seitlich an den Mund, als ob es schreien würde, das zweite krümmt sich vor Lachen
Hui-hu! Hui-hu! Hui-buh!
beide Gespenster laufen zur Bühnenkante, um das Publikum zu erschrecken

Refrain (2 ×)
Zur Geisterstunde dreh'n sie ihre Runde.
Sie toben rum, dann sind sie stumm.
alle anderen Gespenster betreten von beiden Seiten die Bühne und tanzen mit langsamen, fließenden Bewegungen herum; auch die beiden Kinder tanzen jetzt mit; am Ende des Refrains stoppt die Spielleitung die Musik und alle bleiben wie versteinert stehen; setzt die Musik wieder ein, verlassen alle Gespenster wieder die Bühne, nur die beiden Kinder bleiben da

Strophe: Schau mal zur Tür ...

Zwischenspiel

Jetzt nehmt mal die Hände,
ertastet die Wände.
Es geht nicht nach links,
es geht nicht nach rechts,
geht nicht geradeaus,

die beiden Kinder ertasten pantomimisch drei imaginäre Wände: links, rechts und vorne; die beiden Gespenster knien sich auf den Boden und ahmen die Bewegungen mit den Armen nach

nur hinten geht's raus!

die beiden Kinder strecken beide Daumen hoch und deuten nach hinten

Doch mit jedem Schritt
geh'n die Geister mit!
Hui-hui-buh! Hui-hui-buh!

die beiden Kinder gehen langsam mit kleinen Schritten nach hinten, werden aber von den beiden Gespenstern verfolgt und mit „hui-hui-buh!" wieder nach vorn getrieben

Refrain: Zur Geisterstunde …

Die Noten zu allen Liedern gibt es als kostenlosen Download unter **www.oekotopia-verlag.de/ prinzessin-und-piraten.html**

Was machen die Gespenster? Nr. 5

Die Spielleitung schaltet die Schwarzlichtlampen aus und das Kunstlicht an. Als Gespenst verkleidet geht sie auf die Bühne und heißt alle Gäste in der Kita „Gespensterschreck" herzlich willkommen! Sie stellt kurz den Ablauf des Gespensterfestes vor und es geht los mit einigen Dunkel-Spielen.

Die Spielleitung vereinbart mit den Kindern einige Bewegungsansagen, z. B.:

✳ *„Alle Gespenster rasseln mit den Schlüsseln!":* alle Kinder lassen ihre Schlüssel klimpern

✳ *„Alle Gespenster fliegen in die Luft!":* alle Kinder machen Flugbewegungen mit den Armen

✳ *„Alle Gespenster legen sich zur Ruh'!":* alle Kinder knien sich auf den Boden und stellen sich schlafend

Zum Rhythmus der Musik tanzen alle Gespenster im Licht der Schwarzlichtlampen so lange auf der Bühne herum, bis der Refrain beendet ist. Die Spielleitung drückt die Pausentaste und alle Gespenster erstarren mitten in der Bewegung. Die Spielleitung ruft eines der Kinder auf, das besonders schnell reagiert hat. Dieses nennt eine der drei Bewegungsaufgaben und alle Kinder reagieren so schnell wie möglich. Die Gespenster, die die Aufgabe besonders schnell richtig erfüllen, haben die Spielrunde gewonnen. Erklingt die Musik erneut, tanzen alle Gespenster weiter bis zum nächsten Refrain.

Auf Geistersuche

Material: 2 Taschenlampen; evtl. weiße
Tücher

Die Spielleitung übergibt zwei Kindern je eine
Taschenlampe. Kinder, die statt des Umhangs
ein T-Shirt tragen, erhalten je ein weißes Tuch,
das sie sich über den Kopf vor das Gesicht hängen und an den vorderen Zipfeln festhalten, damit sie jederzeit darunter hervorspähen können.
Alle Gespenster schweben langsam durch den
abgedunkelten Raum und bleiben auf ein Signal
der Spielleitung stehen. Sie nennt den Namen
eines Kindes, das die beiden Taschenlampen-
Kinder suchen müssen, indem sie herumgehen
und ihre Lichtkegel kreisen lassen. Wer von beiden glaubt, das gesuchte Kind gefunden zu haben, bleibt davor stehen und ruft laut: „Hui-
buh!"
Die Spielleitung schaltet das Licht an und das
Kind sagt, wie es heißt. Wurde richtig geraten,
hat dieses Taschenlampen-Kind die Spielrunde
gewonnen. Ansonsten darf sich das andere Taschenlampen-Kind im beleuchteten Raum noch
einmal auf die Suche machen. Hat es das Kind
gefunden, darf es zwei neue Kinder aussuchen,
die die Taschenlampen für die nächste Runde
erhalten.

Welches Gespenst geht um?

Alle Gespenster verteilen sich im Raum. Ein
Kind geht zur Bühne, schaut sich alle Gespenster im Raum genau an und dreht ihnen dann
den Rücken zu. Die Spielleitung deutet auf ein
Gespenst, das ganz leise im Raum spazieren
geht und sich einen anderen Platz sucht.

Die Spielleitung bittet das Kind vor der Bühne
sich wieder umzudrehen und das Gespenst, das
eben noch durch den Raum gegangen ist, aus-
findig zu machen.
Kommt das Kind in die Nähe des gesuchten
Gespenstes, machen alle ein lang gezogenes
„Huuui-buuh!" Je lauter es wird, desto näher
kommt das Kind dem gesuchten Gespenst. Im
Gegensatz dazu tönt es umso leiser, je weiter
sich das Kind von dem gesuchten Gespenst ent-
fernt.
Wurde das Gespenst gefunden, stellt sich das
Rate-Kind zu den Gespenstern und ein anderes
Kind rät in der nächsten Runde.

Gruselige Gespensterpost

Material: Schlüsselbund

Alle Gespenster bilden einen großzügigen Kreis. Die Spielleitung flüstert dem Gespenst neben ihr ein gruseliges Wort ins Ohr, z. B. „*Fledermausblutsauger*", „*Spukschlosskeller*" oder „*Spinnenbeinschreck*".

Das Gespenst hört gut zu und flüstert das Wort an seinen Nachbarn weiter. So macht das Gruselwort die Runde und muss z. T. auch an vom Kostüm bedeckte Ohren weitergegeben werden.

Klappert die Spielleitung mit dem Schlüsselbund, muss das Gespenst, dem als letztes etwas ins Ohr geflüstert wurde, das verstandene Wort laut sagen. Zur Kontrolle wiederholt die Spielleitung das Wort, das sie dem ersten Kind ins Ohr geflüstert hat. Stimmt es noch überein oder ist ein neues Grusel- oder Quatschwort entstanden?

In der zweiten Spielrunde flüstert die Spielleitung dem letzten Kind ein neues gruseliges Wort ins Ohr.

Spuk in der Kita „Gespensterschreck"

Material: Geräuscherzeuger (z. B. Schlüsselbund, Kette, Zeitung, 2 leere Dosen …), 2 Taschenlampen, Time Timer; evtl. weiße Tücher

Alle Kinder bis auf zwei, die vor die Tür gehen, holen sich je einen Gegenstand zum Krachmachen. Wer keinen Gespensterumhang trägt, bekommt ein weißes Tuch. Alle Gespenster verstecken sich im Raum und stülpen sich ggf. das Tuch über ihren Kopf, sodass sie nicht mehr erkannt werden.

Die Spielleitung verdunkelt den Raum und bittet die beiden Kinder wieder herein, die jeweils eine Taschenlampe erhalten. Sie gehen Hand in Hand durch den Raum und sind gespannt, wo sich überall die Gespenster versteckt haben. Sie können z. B. hinter der Türe stehen und mit dem Papier knistern, hinter einem Schrank knien und mit der Faust gegen die Schranktüre klopfen oder gar unter einem Tisch hervorspringen und mit dem Schlüsselbund rasseln. Dabei versuchen die beiden Kinder die Gespenster, die sie mit der Taschenlampe anleuchten, beim Namen zu nennen. Wurde ein Kind erkannt, bleibt es ruhig stehen und macht keinen Krach mehr. Wie viele Gespenster werden wohl nach einer Minute noch spuken?

Der Nachtumzug

Wenn es draußen schon dunkel geworden ist, brechen die Kinder mit den Eltern auf zum Nachtumzug: ein Höhepunkt für jedes Gespensterfest!

Material: Geräuscherzeuger (z. B. Rätsche, leere Flasche und Löffel, Dose mit Kieselsteinen gefüllt, kleine Handtrommel …), 1 Taschenlampe und 1 Stoffbeutel pro Kind

Die Kinder ziehen als Gespenster in Kleingruppen von max. 8 Kindern mit mind. je zwei Erwachsenen los. Unterwegs machen die Kinder viel Radau, indem sie z. B. in einen Flaschenhals blasen oder mit einem Löffel gegen die Flasche schlagen, eine Dose mit Inhalt schütteln oder die Rätsche erklingen lassen.
Sie klingeln bei den Nachbarn, die ihre Zustimmung gegeben haben (s. u.). Öffnen die Nachbarn die Türe, sagen die Kinder folgenden Spruch auf:
„Hui Buh! Halloween ist heute!
Gebt etwas Süßes, ihr Leute!
Geizhälse werden wir necken
und dann so richtig erschrecken!"

Die meisten Nachbarn geben bereitwillig eine kleine Gabe, z. B. Obst, Nüsse oder Schokolade, die die Gespenster gleich in ihre Stofftaschen stecken.
Sollten sie jedoch nichts geben, können die Gespenster z. B. an die Fensterscheiben oder die Haustüre klopfen und dabei laut: *„Hui-buh!"* rufen. Öffnen die Nachbarn das Fenster oder die Tür, müssen sie sich schnell verstecken.
Wurden alle Nachbarn besucht, geht es wieder zurück in die Einrichtung.

Tipps:

☀ Die Nachbarn werden über das Vorhaben rechtzeitig informiert. Wer mitmachen will und kann, bekommt ein kleines weißes Gespenst (➜ S. 108), das er an seine Haustüre hängt. Die Kinder klingeln also nur dort, wo ein Gespenst hängt.

☀ Damit nicht mehrmals an derselben Haustür geklingelt wird, weist die Spielleitung den Kleingruppen ein oder zwei Straßen zu.

☀ Wie bei allen Ausflügen mit Kindern sollte jede Kleingruppe ein Handy und eine Erste-Hilfe-Tasche dabei haben. Zudem sollten mind. zwei Begleitpersonen mitgehen.

♫ Ghost ● Nr. 6

*Wieder zurück in der Einrichtung, gibt es erst mal
einen Imbiss: Die Nachtgespenst-Brote und der Fle-
dermausblut-Drink (→ S. 111) lassen sich prima
mit Obst, Nüssen und Süßigkeiten der Nachbarn
zu einem leckeren Geisterschmaus kombinieren!
Zum großen Abschlussfinale gibt es noch einmal
eine Schwarzlichtshow für die Eltern!*

Material: weiße Theaterschminke, schwarze
Kleidung für 5–6 Kinder, 2–3 große schwarze
Leintücher o. Ä., 1 Holzstab pro Kind,
schwarze Farbe, Pinsel, neongelbe Wolle

Vorbereitung

Fünf bis sechs Kinder ziehen ihr Gespensterkostüm aus und werden zu GeisterjägerInnen.
Sie malen ihre Gesichter (falls noch nicht ge-
schehen) weiß an und kleiden sich ganz in
Schwarz.

Auf der Bühne werden die schwarzen Leintücher auf dem Boden ausgebreitet.
Alle Geisterjäger-Kinder erhalten eine Geis-
tervernichtungswaffe, einen „Phaser", den sie
schwarz anmalen. Um ein Ende des Stabs knoten sie einen langen neongelben Wollfaden.
Sie wickeln den Faden um den Stab herum und
knoten das andere Ende ebenfalls am Stab an,
sodass ein Leuchtstab mit unregelmäßigen Spi-
ralformen entsteht. Ein weiteres ca. 30 cm langes Stück Faden verknotet die Spielleitung fest
am oberen Ende des Stocks.

Spielliedablauf

Die Spielleitung verdunkelt den Raum und
schaltet die Schwarzlichtlampen ein.
Zum langen Instrumentalteil, mit dem das Lied
auf der CD beginnt, treten erst nur die Gespenster auf und gehen langsam, fast schwe-
bend über die Bühne. Nach einer Weile kommen nach und nach die GeisterjägerInnen
hinzu und beginnen, die Gespenster mit ihren
Leuchtstab-Phasern zu jagen. Je nach Platz im
Raum kann es auch eine Verfolgungsjagd quer
durch das Publikum geben.
Setzt der Liedtext ein, haben die Gespensterjä-
gerInnen alle Gespenster auf den Tüchern mitten auf der Bühne eng zusammengetrieben. Die
JägerInnen halten ihren Leuchtstab-Phaser an
dem Faden in der Hand und stellen sich um die
Gespenster herum.

1. Heyja, heyjo, wir sind Geisterjäger,
die mit ihren Händen allen Spuk beenden.
Früh am Morgen, auch bei Dunkelheit,
ganz egal wann's spukt – wir sind schon bereit!
die GeisterjägerInnen schwingen ihre Leuchtstäbe vom
Platz aus hin und her, kreuz und quer und im Kreis

2. Heya, heyo, mit Gespenster-Phasern
schießen wir den Geist ab,
oder auch mit Lasern.
die GeisterjägerInnen zielen mit den Leuchtstäben auf die
Gespenster, die im Takt um die Leintücher herumgehen
Keine Gnade, wenn wir uns vereinen,
beenden wir im Flug – jeden Geisterspuk!
alle Gespenster schlüpfen unter die schwarzen Tücher, so-
dass sie nicht mehr zu sehen sind

3. Wir sind cool, ja, das weiß doch ein jeder,
haben keine Angst, denn wir sind Geisterjäger.
Früh am Morgen, auch bei Dunkelheit,
ganz egal wann's spukt – wir sind schon bereit!
die GeisterjägerInnen schwingen ihre Leuchtstäbe vom
Platz aus hin und her, kreuz und quer und im Kreis

Die Noten zu allen Liedern gibt es als kostenlosen
Download unter **www.oekotopia-verlag.de/**
prinzessin-und-piraten.html

Gespenster-Verabschiedung

Ist das Lied beendet, kriechen alle Gespenster
wieder unter den Tüchern hervor. Die Kinder
geben sich gegenseitig die Hände, verneigen
sich vor dem Publikum und sagen laut:
„Unser Fest ist nun aus.
Jetzt geht's im Flug nach Haus!
Hui-buh, hui-buh …!"
In Windeseile schweben nun alle Gespenster-
Kinder zu ihren Eltern und die verkleidete
Spielleitung wünscht allen von der Bühne ei-
nen guten Heimflug – natürlich mit einem lau-
ten *„Hui-buh"*!

Anhang

Register

Rezepte

♫ Lieder

Spiele & Bühnenaktionen

Literatur

Literaturhinweise & Musiktipps

Albers, Petra & Möller, Rebekka: Zirkusspiele. Riesenspaß für Kinder. München (Don Bosco) 2005.

Binder, Dagmar & Grabert, Jutta: Piraten ahoi! Geschichten, Spiel und Spaß für kleine Seeräuber. Ostfildern (Patmos) 2004.

Erkert, Andrea: Raus in den Wald! Spiele und Ideen rund um Wald und Wiese. Freiburg im Breisgau (Herder), 3. Aufl. 2006.

Günther, Sybille: Ritterburg & Königsschloss: Kinder spielen Ritter, Knappen, Burgfräulein, Prinz und Prinzessin. Münster (Ökotopia) 2008. Dazu der **Tonträger** von Hartmut E. Höfele: **Ritterburg & Königsschloss.** Barocke und mittelalterliche Lieder und Geschichten (nicht nur) für Kinderohren.

Günther, Sybille: Hallo Halloween. Schaurige Kostüme, unheimliche Spiele, gespenstische Raumdekos, coole Lieder und Tänze für Gruselpartys und Nachtumzüge. Münster (Ökotopia) 2. Aufl. 2003. Dazu der **Tonträger** von Michi Vogdt: Hallo Halloween. Lustig-schaurige Lieder zum Gruseln und Mitmachen.

Günther, Sybille: Großes Einmaleins für kleine Zauberer und Hexen. Mit zahlreichen Spielen, Geschichten, Rezepten und Tricks die magische Welt der Zauberei und Hexerei erleben. Münster (Ökotopia) 3. Aufl. 2010.

Jung, Heike: Kinder lernen Waldtiere kennen. Ein Arbeitsbuch mit Steckbriefen, Sachgeschichten, Rätseln, Spielen und Bildkarten. Mühlheim an der Ruhr (Verlag an der Ruhr) 2007.

Kneip, Winfried & Prüfer, Sabine: Piraten und Seefahrer. Sachinfos, Geschichten, Lieder, Spiel- und Bastelideen. Mülheim an der Ruhr (Verlag an der Ruhr) 2008.

Lokan, Brigitt & Niggemann, Helga: Hexen und Zauberer. Projektmappe. Kempen (BVK) 2009.

Pieper-Hoffmann, Kristina & Pieper, Jürgen: Das große Spectaculum. Kinder spielen Mittelalter. Münster (Ökotopia) 14. Aufl. 2006.

Rooyackers, Paul: 100 Zirkusspiele und -improvisationen für Kinder. Mülheim an der Ruhr (Verlag an der Ruhr) 2008.

Schön, Bernhard: Wild und verwegen übers Meer. Kinder spielen Piraten und Seeräuber. Münster (Ökotopia) 7. Aufl. 2007. Dazu der **Tonträger** von Hartmut E. Höfele: Wild und verwegen übers Meer.

Van Daele, Henri: Zauberkind. Die schönsten Prinzessinnenmärchen. Bindlach (Loewe) 2007.

Velten, Marita: Der schönste Kindergeburtstag. Halloween und Gespensterparty. Geburtstagsideen für Kindergarten und Grundschule. Swisttal (Velten) 2007.

Weitere Bücher von Andrea Erkert im Ökotopia Verlag

Alle Straßenschilder hüpfen fröhlich in die Höh'. Spiele, Lieder und Aktionen zur Förderung von Wahrnehmungs-, Koordinations- und Reaktionsfähigkeit rund um die Lieder von Volker Rosin. Dazu der **Tonträger** von Volker Rosin: **Alle Straßenschilder hüpfen fröhlich in die Höh'.** Sicher im Straßenverkehr mit lebendigen und fantasievollen Liedern.

Das Adventsspiele-Buch. Die weihnachtliche Zeit spielerisch begleiten.

Das Kreisspiele-Buch. Temporeiche und ruhige Spielideen für alle Gelegenheiten.

Das Stuhlkreisspiele-Buch. Bewegte und ruhige Spielideen zu jeder Zeit und zwischendurch.

Das Tischspiele-Buch. Vielfältige Spielideen rund um den Tisch: würfeln, raten, zählen, buchstabieren, fühlen, bewegen und gestalten.

Das Zahlenspiele-Buch. Spiele und Lieder rund um die ersten Zahlen, Formen, Größen und Gewichte, Mengen, Uhr- und Jahreszeiten. Dazu der **Tonträger** von Stephen Janetzko: **Zahlenspiel-Lieder.** Schwungvolle Zähl- und Rechenlieder zur mathematischen Frühförderung für Kinder von 4–8 Jahren.

Feste feiern & gestalten rund um die Jahresuhr (Mitautorin: Heidi Lindner). Mit zahlreichen Spielaktionen, Dekorationen, Rezepten und Planungshilfen für das nächste Fest rund um die Lieder von Rolf Zuckowski. Dazu der **Tonträger** von Rolf Zuckowski: **Feste feiern rund um die Jahresuhr.** Mit 16 Gute-Laune-Liedern für alle Jahreszeiten.

Inseln der Entspannung. Kinder kommen zur Ruhe mit 77 fantasievollen Entspannungsspielen.

Kinderleichte Ruheerlebnisse. Mit Ruhespielen, Fantasiereisen, Mandalas und Streichelmassagen entspannen und innere Stille finden. Dazu der **Tonträger** von Martin Buntrock: **Kinderleichte Ruheerlebnisse.** Entspannungsmusik zum Stillwerden, Träumen, Fantasieren und Einschlafen.

Naschkatze & Suppenkasper. Mit Spiel und Spaß essen und trinken – vielfältige Aktionen rund um das Thema Ernährung für Kita, Hort und Grundschule.

Streiten, helfen, Freunde sein. Spiele, Lieder und anregende Angebote zur Förderung von Toleranz, emotionaler und sozialer Kompetenz in Kindergarten und Grundschule. Dazu der **Tonträger** von Heiner Rusche: **Gewalt ist blöd!** Rockige Lieder für mehr Toleranz und Miteinander.

Die Autorin

Andrea Erkert ist Erzieherin, Entspannungspädagogin und Fachlehrerin einer Grundschulförderklasse in der Nähe von Stuttgart. Seit mehreren Jahren bietet sie praxisnahe Fortbildungen für ErzieherInnen und LehrerInnen u. a. zu den Themen Entspannung und Bewegung, Kreis- und Tischspiele und Festivitäten in den Einrichtungen im In- und Ausland an. Zudem steht sie als Referentin für Elternabende in Kitas und Schulen zur Verfügung.

Anfragen für ganz- oder halbtägige Seminarveranstaltungen und Elternabende:
Andrea Erkert
Seelacher Weg 79
71522 Backnang
Deutschland
oder
817 Columbus Ave
Lehigh Acres, FL 33972
Florida, USA

Tel.: (0 71 91) 90 83 57
Fax: (0 71 91) 90 83 59
andrea.erkert_florida-sun@t-online.de

Die Illustratorin

Kasia Sander, geboren 1964 in Gdynia (Polen), studierte an der Danziger Kunstakademie und machte 1993 ihr Diplom an der Fachhochschule für Design in Münster. Seitdem illustriert die Grafikdesignerin Bücher für diverse Verlage (Arena, Ökotopia, Schneider u. a.) und arbeitet seit 2006 als Karikaturistin für die Recklinghauser Zeitung. Darüber hinaus leitet sie Workshops in Ölmalerei und Zeichnung. Kasia Sander hat ihre Werke mehrfach in Gemeinschafts- und Einzelausstellungen präsentiert.

Der Liedermacher

Michi Vogdt ist Musikpädagoge und Dipl. Designer. Er unterrichtet in der Sek. I die Fächer Musik, Kunst und Biologie und gestaltet als Moderator und Produzent die Radio-Sendung „Kindertreff" beim Internet-Sender R4H (www.r4h.de). Als Musikproduzent, Komponist und Kinderbuchautor produziert er pädagogische Spaß- und Spiellieder, Musicals und Geschichten für Kinder. Gemeinsam mit seinen Zwillingen Larissa und Marten gibt er Konzerte in Stadthallen oder auch auf Schul- und Kinderfesten. Sein aktives Mitmachprogramm ist ein echter Spaß für die ganze Familie, denn seine Musik mit poppig-fetzigem Sound begeistert Kinder und Erwachsene gleichermaßen.

Anfragen zu Konzerten / CD-Produktionen:
anyCom-Musikproduktion
Wewelsburger Str. 19
33154 Salzkotten
info@anycom.de
weitere Infos und Videos zum Künstler:
www.michi-vogdt.de

 ... und dazu der Tonträger von Michi Vogdt:

Prinzessin & Piraten

Kunterbunte Lieder für Partys, Kostümfeste und einfach zum Spaß haben

Unwiderstehliche Ohrwürmer zu vielfältigen Festideen wecken die gute Laune und bieten eine Fülle von Einsatzmöglichkeiten: für die Kinder-Party, das Kita-Fest, eine Tanzdarbietung, Schwarzlicht-Theater, Mini-Musical, Formationstanz oder natürlich zur Karnevalsfeier.
Passend zu den Themenfesten des gleichnamigen Buchs von Andrea Erkert gibt es Lieder über Hexen, Piraten, Geister, Ritter, Tiere, Prinzen und Prinzessinnen, Zirkus, Zwerge und Wichtel. Die kindgerechten Texte und der aktuelle peppige Sound begeistern Kinder und

ISBN 978-3-86702-148-7

Erwachsene und machen diese CD zu einem besonderen Klangerlebnis. Das aufwendig gestaltete Booklet enthält alle Liedtexte; die Noten zu den Liedern gibt es als kostenlosen PDF-Download unter: www.oekotopia-verlag.de/prinzessin-und-piraten.html

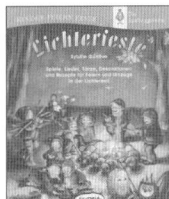